辛凯聊平凡

◎ 辛　凯／主编　辛　凯／口述　◎ 韩双娇／撰稿

■ 济南出版社

图书在版编目（CIP）数据

辛凯聊平凡 / 辛凯主编 . -- 济南：济南出版社，
2016.1

ISBN 978-7-5488-2005-5

Ⅰ.①辛… Ⅱ.①辛… Ⅲ.①辛凯–生平事迹 Ⅳ.
① K825.42

中国版本图书馆 CIP 数据核字 (2016) 第 018483 号

出版发行　济南出版社
地　　址　济南市二环南路 1 号 250002
网　　址　www. jnpub. com
电　　话　0531 - 86131726
传　　真　0531 - 86131709
经　　销　各地新华书店

印　　刷　济南黄氏印务有限公司
开　　本　710×1000 毫米　1/16
印　　张　9.25
字　　数　106 千
版　　次　2016 年 1 月第 1 版
印　　次　2016 年 8 月第 1 次印刷
印　　数　1-10000
定　　价　36.00 元

发行电话　0531 - 86131730 / 86131731 / 86116641
传　　真　0531 - 86922073

目 录

CONTENTS

第一章
从小就有一颗文艺的心

① 军人之家的文艺氛围

　　辛凯给人的第一印象是略带羞涩，让人很难联想到他出身于军人家庭。但深入了解了辛凯之后，便知道他的价值观和人生选择来自于他的家庭。家庭对于辛凯的影响，已经潜移默化到他做人做事的风格之中。作为一位知名主持人，还能够胜任制片、直播等多种岗位，在电视圈里游刃有余，这无疑与他的家庭教育密切相关。

　　20 世纪 70 年代，辛凯出生于一个军人家庭，父母都是军人。在那个激情燃烧的岁月，辛凯父母相恋与相许的经历，与当时社会的"主流"是一致的。

　　辛凯介绍说："母亲同意与父亲交往的第一个条件是因为他是党员，第二条则是父亲和母亲一样，也是解放军。"

　　辛凯母亲的老家在河北定州市，是一个物华天宝、人杰地灵的地方。定州位于河北省中部偏西，华北平原西缘，是古国都市，商代为北方方国，战国时中山国在此定都，是华北地区重要交通枢纽，自古就有"九州咽喉地，神京扼要区"之称。

　　特殊的地理位置使古城定州孕育了众多的文化名人，如西晋诗人刘琨、古代第一位女画家宫素然等。

　　近代以来，定州涌现了许多革命志士，辛凯的外祖父就是早年参加革命的老同志，解放后告老还乡，居住在河北定州一处部队干休所里。辛凯和小他 4 岁的妹妹都出生在这里。

　　值得一提的是，这处干休所曾经是一户地主的宅院，院落有极其讲究的古建筑。

辛凯回忆起那处干休所，很多细节已经忘记，但是却难忘那些建筑物的讲究和细腻。

"无论是雕梁画栋，还是五脊六兽，都充满文化的气息。"

老房子的每一块砖瓦，似乎都有难以道尽的故事。年幼的辛凯行走在几进几出的院落，用幼小而懵懂的眼神观察古宅每一处细节，说不清楚那些亭台楼榭的门道，却能够感受到一种细腻温柔的时光。

也许正是这里，最早孕育了辛凯独特的艺术气质和对于美的感悟能力。

辛凯童年时，父亲在山东德州军分区工作，母亲在济南某部队工作，两人两地分居。辛凯回忆说，那个时候他们和父亲难得见面。

辛凯的母亲一边工作一边要照顾两个孩子，非常辛苦。实在忙不过来的时候，辛凯的母亲就不得不把孩子暂时送回老家，请年迈的父母帮忙照看。于是，辛凯和妹妹就会常被送往河北定州。

辛凯回忆说，自己和妹妹总是乘坐着火车在两地穿梭，就像两个小邮包。辛凯是那个大一点的"邮包"，而胸前穿着兜兜的妹妹则是小的"邮包"。

"母亲忙不过来的时候就把我和妹妹打包送回老家，等忙过一阵子，有时间了，就再接回来。我和妹妹总是穿梭在济南和定州之间，如同潮汐一样，会有一种节律感。"

辛凯说自己虽然年龄很小，又要离开妈妈，但是自己却异乎寻常地喜欢回老家，原因是"觉得就是放假"。

辛凯有这样的感受其实不难理解，因为他出生在定州，对定州干休所有记忆。他把干休所里所有的老头都称为"姥爷"，所有的老太太都叫"姥姥"，回定州意味着回到亲人身边；另外，姥爷家的房子非常漂亮，辛凯喜欢在深宅大院中居住的感觉，那精美的砖雕、古色古香的围墙，都透过一双幼小而澄澈的眼睛抵达他的心灵世界；再说姥爷是退休干部，姥爷家可以给他比较富足的物质生活。

这让人不免想起钱海燕的一句话，大意是，美这种东西没有人能够定义它，人人却都能够认出它。定州深宅大院的气势和形象，对于小小的辛凯来说，还无法用理性进行评述，但那种感性的美已经征服了他。

辛凯的姥爷和姥姥对辛凯教育很严格，使辛凯和许多军人家庭出生的孩子一样，从小秉承了父母身上的素质——自律而勤奋。他经常得到亲戚朋友的赞许，说他从小就是一个听话懂事、让父母放心的孩子。这为他后来在电视圈承受压力、独当一面奠定了基础。

母亲对辛凯和妹妹的要求也很严格，培养他们独立的习惯。在定州和济南之间来回往返的这种经历，锻炼了他和妹妹的自理能力。

除了性格上的优点，辛凯小时候还展现出文艺天赋。辛凯介绍说，这和父母热爱文艺有关。辛凯的经历更加验证了家庭教育是最重要的教育这个道理。

母亲爱好唱歌，父亲能弹奏好几样乐器，辛凯和妹妹的童年生活是充满旋律的。

辛凯的父母不是部队专业的文艺兵，只是部队的"文艺骨干"。辛凯介绍说，他的妈妈擅长唱歌，部队还曾经把她送入上海戏曲学院进修过一年多的时间，使她能够登台表演革命样板戏，演唱红色歌曲。而辛凯的父亲则曾经在部队担任宣传干事，尽管并不专司文艺工作，但文艺工作是宣传科分内的事，且辛凯父亲一直对文艺表演有很浓厚的兴趣，还能拉一手很好的二胡，所以他兴致来时，常常在家拿出二胡演奏一番，在音乐的旋律中得到享受。

既有歌唱又有器乐演奏，辛凯在家庭中得到了充实的音乐启蒙教育。比起那些从小对文艺一无所知的人，辛凯显然得到了起点超前的优势，这让后来走上主持人道路的辛凯受益良多。

果然，还在幼儿园时期，辛凯就已经成了"文艺骨干"。辛凯并不是一个特别外向的小孩，但是即使这样，也仍然让幼儿园老师发现了辛凯的不同。

每一次唱歌，无论是独唱还是合唱，辛凯都不走调。这个年纪的小朋友，是很难音律准确地唱完一整首歌的。

当小朋友们在一起表演的时候，辛凯都表现得有板有眼，这在一群活蹦乱跳的小朋友中间显得有些特别。

幼儿园老师不由自主地将目光放到这个性格沉静、不调皮捣蛋的小朋友身上。老师让辛凯在合唱节目中担任领唱，确定合唱的音高，做老师的小助手。

"在幼儿园，小朋友们大合唱，老师每次都让我领唱，原因是我从来不会跑调。"

辛凯说，自己最早学会的一首歌，并不是从幼儿园学的儿歌，而是经典歌曲《橄榄树》。

"不要问我从哪里来，我的故乡在远方……"

这首《橄榄树》是大家耳熟能详的经典歌曲，在辛凯儿时是十分时髦和流行的。

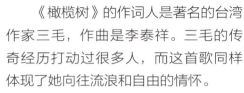

《橄榄树》的作词人是著名的台湾作家三毛，作曲是李泰祥。三毛的传奇经历打动过很多人，而这首歌同样体现了她向往流浪和自由的情怀。

经典的东西永远经得住时间的考验。

改革开放以后，港台很多流行音乐涌入内地，《橄榄树》无疑是那个时期的翘楚。许多热爱音乐的内地人发现，原来唱歌不仅仅能表现祖国、人民、战争等这样的"大事"，还可以表达相思、流浪、伤怀等这样的"小事"。原来音乐还有如此深邃的表达方式，可以如此让人心动。

这首歌，辛凯最早是从母亲那里听到的。

"不要问我从哪里来，我的故乡在远方……"悠扬的旋律、略感忧伤却又柔情百转的歌词，打动了包括辛凯母亲在内的许多音乐爱好者，也给幼年的辛凯留下了不灭的回忆。

辛凯清楚地记得，母亲告诉他，第一位演唱这首歌曲的内地歌手是朱逢博。

朱逢博 1937 年生于山东济南，曾经有"中国夜莺"的美誉，在 20 世纪 80 年代，她的歌曾经风靡一时，她被称为"中国新民歌之母"，是中国现代流行音乐的开山鼻祖，是中国民族声乐继往开来的艺术大家，是华语乐坛具有开创性和标志性的人物。她曾荣获首届中国金唱片奖、艺术家终身成就奖，是中国十大女歌唱家之一。

辛凯介绍说，朱逢博演唱的《橄榄树》是属于通俗唱法的，而在当时通俗唱法是最时尚的。这首歌不仅征服了一代又一代的乐迷，也征服了一代又一代的歌手。除了朱逢博之外，孙燕姿、费翔、费玉清、黑鸭子组合、卓依婷等众多歌手，都曾经演唱过这首经典的歌曲。

《橄榄树》中关于远方、孤独和寂寞的哀愁，对于一个小朋友来说，自然是听不懂的，但是辛凯却能感知到这首歌强烈的感染力和优美的旋律。

值得一提的是，虽然小时候母亲教辛凯学会了这首歌，但是由于后来他学会的流行歌曲越来越多，他渐渐把这首歌淡忘了，甚至已经不记得自己会唱这首歌。直到很多年以后，辛凯的同学送给他一本三毛的名作《撒哈拉的沙漠》，他看到三毛描述了失落的爱情和永远的远方，他突然想起了这首歌在他童年时那斑斓而迷人的色彩，如地中海岸的橄榄树一样油亮碧绿，又有一丝淡淡的哀伤。

这首歌对于辛凯来说，还有另一番意义，教会他唱这首歌的人，并不是幼儿园的老师，而是他音乐路途最早的启蒙者——他的母亲。

辛凯的母亲外表端庄秀丽，是上得厅堂下得厨房的完美妈妈。都说从女儿身上可以看到父亲的影子，而儿子身上则存在着母亲的影子。的确如此，我们从辛凯干净利落的主持风格和低调严谨的为人中可以看到辛凯母亲的影子。

辛凯回忆说，妈妈是一个非常懂生活的人，总是在闲暇时不由自主地哼着歌。晚上月朗星稀的时候，妈妈搂着辛凯，抱着比他小 4 岁的妹妹，在安静而舒适的家里教他们唱歌，这个画面成为辛凯永久的记忆。许多红色歌曲和经典老歌，辛凯都是从母亲那儿学会的。

辛凯家有一台收音机，每天中午 12 点，妈妈必定收听中央广播台一档黄金栏目，叫作《每周一歌》。在没有网络和电视的时代，《每周一歌》是音乐爱好者的最爱。每个星期只播放一首歌，每天午间 12 点和夜晚 12 点重复播放，有点类似现在音乐播放器的单曲循环模式。这样，一首歌在一周能播放 14 次。所以一周下来，收听这档节目的听众，基本上就会唱了。

天津人民广播电台高级编辑、中国音乐家协会会员谷世乐曾撰文，详尽地记录和整理了《每周一歌》节目的历史。"《每周一歌》的历史可以追溯到 1957 年，当时创办初期的名称叫《推荐歌曲》，节目长度10 分钟，每周重点介绍一首新歌，采用反复播放的形式强力推荐以引起社会的反响，同时在当时的《天津广播报》上刊登歌曲以方便听众学唱。当时播出的第一首歌曲是彦克作曲的《骑马挎枪走天下》。在'文革'之前曾推荐播出过《学习雷锋好榜样》《社会主义好》《我们走在大路上》《社员都是向阳花》《老两口学毛选》《马儿啊你慢些走》《打靶归来》等当时风行一时的歌曲。但为了配合形势宣传的需要，也播出过一些较为粗糙的标语口号式的作品。"

谷世乐先生在 1983 年接手这个节目的编辑工作。"事实上当时的乐坛已经很活跃，以施光南、王酩、王立平、谷建芬等为代表的一大批音乐家已经陆续创作发表了大量的优秀作品。当时社会上音乐争论也很激烈，焦点是对通俗唱法、港台歌曲的评价，还有创作题材问题。"

比如对《军港之夜》这样的军旅歌曲的写法、唱法，比如对台湾校园歌曲是否可以播放，对邓丽君的歌、对"西北风"的歌能否播出等等。这些今天不是问题的问题，当年都是很敏感的"雷区"，有些甚至是"禁区"。

有意思的是，现在被认为是主旋律的歌曲，比如张明敏演唱的《我的中国心》，是到市委宣传部请示才允许播放的。所以说，《每周一歌》其实是当时乐坛解放思想的标志。辛凯的妈妈能在那个时期按时收听这档栏目，表现了她的欣赏品位和对音乐的热爱。

那个时期，《每周一歌》播出了许多好歌，例如《在希望的田野上》《十五的月亮》《长江之歌》《祖国啊我永远热爱你》《我爱你，塞北的雪》《绒花》《妹妹找哥泪花流》《我爱你，中国》《青藏高原》《枉凝眉》《在那桃花盛开的地方》《敢问路在何方》《歌声与微笑》《小螺号》《妈妈的吻》《春天的故事》《弯弯的月亮》《涛声依旧》《少年壮志不言愁》《绿叶对根的情谊》《一个美丽的传说》等等。这些歌曲至今让人难忘，甚至许多年轻的 90 后也能够传唱。

正是 20 世纪 80 年代音乐思想的解放，奠定了 90 年代中国乐坛蓬勃发展的基础，人们听到的不仅仅有红色歌曲和民乐，还有更多风格各异的乐曲。

辛凯说："每天中午家里都在听歌，连续一星期听一首歌，现在的广播节目，再也没有这样精细的了。"辛凯感慨道，如今的广播电视节目都走快消费的道路，面对广告收益的压力以及听众复杂多变的口味，任何一个电台都不可能用一周 14 次这样的高频率播放同一首歌。而那些曾经守在收音机前等待着一首歌播放的听众也已经渐渐远去了。

正是《每周一歌》的深厚影响，辛凯很熟悉那些老歌曲，懂得如何用旋律记载那个鲜明的时代，能够对各种音乐类型兼收并蓄。

在新中国成立 60 周年的时候，辛凯主持了一档节目，叫作《歌声飘过 60 年》。由于对老歌的熟悉和理解，辛凯主持得游刃有余，相关背景知识也是信手拈来。

一些收看过《歌声飘过 60 年》的观众反馈说："没有想到这么年轻的主持人对于老歌有这么深的理解。"

正是家庭潜移默化的影响，为辛凯的电视事业铺垫了基础。

妹妹学琵琶，我是"陪练"

　　虽然从小就展现了音乐的天赋，可是，最初辛凯父母并没有打算让他走文艺这条路，而是安排了一条完全不同的路线。

　　在 20 世纪 90 年代，从事文艺工作的人比较少，人们对文艺工作者也有些偏见，许多家庭不愿孩子们走这条道路，尤其是军人家庭，父母对家中唯一的男孩子期望值更高。

　　母亲特别希望辛凯成为一名中医。因为母亲曾经在部队卫生队工作，学习过护理和针灸，很希望儿子能够子承母业，学习中医。

　　"妈妈觉得中医的工作会比较适合我安静的性情，不需要动刀，而且中医是一份不会因为年龄的增长而贬值的工作。"辛凯这样介绍道。母亲以自己工作的经验判断，西医需要动刀，需要

有更加丰富的临床经验，而中医则稳定得多，且越老越有经验，越老越受欢迎。

而小他4岁的妹妹则选择了学习音乐的道路。

"父母那时觉得女孩子应该更适合学习艺术，我妹妹一开始就被按照音乐演奏家的路线培养。"辛凯这样回忆说。

从上小学起，辛凯的妹妹就被家人按照专业琵琶演奏家的路线培养。拜师、上课、练习，妹妹成了一名"琴童"。

妹妹最初学琴的几年，往往是妹妹在前面听，父母则在妹妹后面听。妹妹难以理解的内容，尤其是复杂的乐理知识，父母则凭借多年从事文艺工作的老底子，先把老师所讲的内容吃透，然后再指导、督促孩子理解老师所讲授的内容。

少年时的辛凯和妹妹

辛凯比妹妹大4岁，无论是理解能力还是自制力，都比妹妹成熟许多，因此也成为陪练，几乎全程参与其中。

用辛凯自己的话说，自己给妹妹做陪练的那几年时间，是"被熏了好几年"。

"给妹妹当陪练的时候，我牺牲了很多玩的时间，尤其是寒暑假，白天父母上班去了，就是我在家里督促妹妹练琴。"

辛凯回忆说，当时自己总是准备一点小小的"奖赏"，只要妹妹按时按量地完成了练琴的任务，自己就会从口袋中掏出一枚糖果或者其他礼物，送给妹妹。

在父母面前，辛凯是孩子；而在妹妹面前，辛凯则是兄长。

　　这个兄长做"陪练"无疑是很合格的，妹妹在他的督促下总是能够乖乖练琴，技艺也一天比一天有进步。

　　培养孩子学习乐器，需要付出艰辛的努力。例如今天我们所熟知的钢琴家郎朗，就是在父亲辛勤的培养下才成长起来。为了能够让郎朗获得最好的音乐教育，郎朗的父亲可以说是费尽心思，做出了巨大的牺牲。最终，经过艰辛的努力才将郎朗推向了世界的舞台。

辛凯回忆说，妹妹学琴没有大费周折，是因为比较幸运地遇到了非常好的老师以及父母和他这个哥哥的辛勤付出。

妹妹的启蒙老师是山东师范大学器乐专业的田毓成教师，田老师和辛凯一家有着非常好的私人感情，辛凯亲切地称他为"亲老师"。田老师后来也亲自教授辛凯学习琵琶演奏，这是后话。田老师与辛凯的父母早就相识，算得上是故交，所以，他教辛凯妹妹学琴分文不收。

"从开始教我们兄妹的第一天，田老师就没有收过一分钱。"对比如今许多老师教授乐器收取学生巨额费用的情况，田老师的品德更显可贵和高尚，也反映出田老师和辛凯一家纯洁而深厚的友谊，体现了那个时代的人情味。

妹妹正式学琴的时候，辛凯已经是小学高年级的学生了，很多事都记得很清楚。辛凯回忆说，妹妹大约在小学二年级开始系统学习琵琶演奏，这一学就是十几年。如今，妹妹已经成为专业的琵琶演奏家，在北京的一家专业乐团从事琵琶演奏。妹妹从学习琵琶到从事专业演奏，走了一条非常不容易的路。

辛凯作为"陪练"，每天至少两个小时恪尽职守监督妹妹学琴、练琴，妹妹练习过的所有曲谱，辛凯也大都耳熟能详，即使是不熟悉的乐理知识，看得多了，听得多了，也能悟出个大概了。

尽管如此，辛凯在高考前并未把音乐艺术作为自己将来的专业，那么他又是如何开始学习音乐的，如何从"陪练"上位成为"选手"的呢？

究其原因，一是辛凯的艺术天赋，二是迫不得已的原因。

先说天赋。

辛凯从小在父母的影响下喜欢唱歌，对音乐和表演并不陌生，后来又"被熏了好几年"，对琵琶的演奏方式和音乐知识都有了初步的理解，虽然不如妹妹那样专业，却也能够照猫画虎地弹上几段了。用辛凯的话说，"基本上所有的曲子，在我的脑海里已经有数了"。所以一个偶然的机会，他出色的乐感被田毓成老师发现了。

一次，田老师让辛凯拿起妹妹的琵琶即兴弹奏一首。辛凯按照田老师的要求，抱起妹妹的琵琶坐下，照猫画虎地弹奏了一首简单的练习曲。

没想到，田老师听完辛凯的演奏，沉默了片刻。

这让兄妹俩有点不知所措，不明白老师为何会沉默。其实辛凯不知道，老师的沉默，是感慨于辛凯竟有如此之好的乐感和节奏感！这让田老师有些惊讶。

这是一个天生有良好乐感的孩子！

一个称职的老师，应该就有伯乐的职业敏感，当发现有天赋的孩子时，会情不自禁地愿意培养他们。

田老师对辛凯的父母说出了自己的想法："辛凯的乐感比妹妹更好，或许更是这块料。"

本身就热爱文艺的父母，因此有了让辛凯也学习琵琶的意愿。

于是，在初中二年级的时候，辛凯"步妹妹后尘"，也开始跟从田老师学习琵琶演奏。

家中一下子有了两个琴童，花销骤增，父母可谓是倾其所有。

辛凯回忆说，那时候中国普通家庭的收入普遍不高，乐器的价格显得非常昂贵。琵琶虽然价格比不上钢琴，却也要至少 1000 元钱。在当时，这真是一笔不小的支出。妹妹购买的第一把琵琶是琴行的一件残次品，琴身背后有一点裂缝。

辛凯说："父母考虑，作为一把练习的琴，这一点残次并不影响练习。"

除了每日要忍受练琴的枯燥，每逢暑假，妹妹和辛凯还要追随放暑假回家探亲的田老师到青岛小住，继续学习和练习。

辛凯至今还记得，有一次，这把有裂缝的琵琶由于常年使用而"开胶"，他购买胶水，用两本书轻轻压住开裂的部分，小心翼翼地将琴补好。

虽然家庭条件有限，但是兄妹俩刻苦学习，没有辜负父母的期望。

辛凯的妹妹小学毕业之后，直接进入了中国音乐学院附属中学深造，后来考入中国音乐学院，师从著名的琵琶演奏大师刘德海先生，终于成为了专业的琵琶演奏家，至今仍然从事音乐事业。

谈起妹妹，辛凯脸上充满骄傲，他既佩服妹妹的刻苦与坚持，也

对田老师充满感激。"即使在中国音乐学院，我妹妹的基本功仍然被老师们称道，都说田老师教出来的学生底子就是扎实。"

再说说迫不得已。

辛凯说，父母最终放弃了为他安排的学中医的人生道路，是因为辛凯比较偏科，数学成绩不理想，高考难以过关。面对这种严峻的现实，通过艺考让辛凯进入大学门坎，是辛凯父母被迫做出的选择，也是辛凯父母能够审时度势、灵活变通的高明之处。

正是凭借音乐天赋和迫不得已而来的机会，辛凯在高考中顺利通过艺考，成功考取了山东师范大学音乐专业。

考上大学音乐专业，这无疑是辛凯人生中的一个转折点，他从此步入了艺术的门槛。此后规范的音乐教育，为他后来成为山东综艺频道王牌音乐节目《音乐风》的主持人奠定了最坚实的基础。

❸ 艺考第一场发生"演出事故"

辛凯评价自己的性格，认为自己是一个比较细致和认真的人。出生于军人家庭，又让他比同龄的孩子更有自制力，而且动手能力很强。

"大约四五年级的时候，我就能给全家人做饭，是那种正式的，几个盘子几个碗的正餐。"辛凯回忆说，"我喜欢做饭，因为自己喜欢有创造性的事情。"除此之外，辛凯觉得做饭是一件特别有意思的事儿，因为做饭既要遵守严格的程序，还要融入许多创意，而且需要细心才能做好。

辛凯是射手座，具有射手座标准的个性：丢三落四，时有遗忘和马大哈的时候。这不难理解，从小辛凯一直是在妈妈的照顾下生活的，妈妈慈爱、善良、温柔，辛凯被照顾得无微不至。

说起当年艺考的情景，辛凯记忆犹新。高考来临，辛凯报考了两所学校，一所是山东师范大学，另一所是山东艺术学院。

辛凯说，这两所学校都是山东省内优秀的院校，都有琵琶专业，所以就报考了。

山东艺术学院是专业艺术院校，是山东省属综合性艺术高校中颇负盛名者。

从山东艺术学院走出去的学生，很多都成为大家。比如彭丽媛、倪萍、刘曦林、王沂东、隋建国、陈瑾、徐少华等。可以说，这所院校为国家输送了众多的艺术人才。

虽然如此，辛凯心中更希望考取的是山东师范大学，因为他对山东师范大学更有感情。多年辅导他和妹妹学习琵琶的田老师，就曾经就职于山东师范大学。而且辛凯的家距离山东师范大学也非常近。

但是，那时辛凯是没有什么选择资格的，能够把握住一所院校就是极大的胜利，所谓"群鸟在林不如一鸟在手"。

所以，对山东艺术学院的考试，辛凯是抱着十分认真的态度去准备的。

山东艺术学院的考试先于山东师范大学的考试，这场考试是辛凯第一次面对人生中重大的考验。

考试那天，辛凯背着沉重的琵琶早早走进了教室，这把每天都要弹拨的琵琶从未这样沉重。由于初次步入考场，辛凯很紧张，他说自己的脑子当时一片空白。

候考的学生不少，每个人都看起来像是有实力的对手。

终于轮到他进入考场了。辛凯按照考官的要求坐下，看见对面众考官表情严肃，辛凯的脑子一片空白，连考官的模样都感觉有些模糊。

他把琵琶抱在胸前，开始弹奏考试的曲目。弹奏到一半时，一件意想不到的事情发生了。

按常规，为了拨动琴弦，弹奏者要在指间粘上塑料指甲，靠假指甲弹拨琴弦。假指甲对于琵琶演奏者来说，犹如刀剑之于游侠般重要，是吃饭的家伙。

辛凯一根手指上的假指甲由于没有固定好，居然在拨动琴弦时飞了出去，而且是朝着考官老师的方向飞了过去！

"我就看到那片塑料指甲朝着考官的方向'嗖'地一下飞了过去。"

随着飞出去的假指甲，演奏突然中断，辛凯报考山东艺术学院的这次考试，也因此失败了。

辛凯回忆当时考试的情景，用了"潦草"两个字形容。"我的琵琶演奏考试就是一场事故，而接下来的钢琴考试，我也无心恋战，才弹了一段，就草草结束了。"

不过，好在这场考试事故对于辛凯并没有造成很坏的影响，辛凯未产生心理负担。

"其实当时去山艺考试，也就相当于练练手，考山师才是一开始的既定目标。"如今回忆起这件事，辛凯已经可以如此平静地介绍了。

现在看来，第一场艺考，为辛凯考取山东师范大学音乐系积累了宝贵的经验。

由于恩师田毓成曾经任教于山东师范大学音乐系，辛凯常到这里来，所以他对山师的环境很熟悉。又加上有了第一次考试"事故"的警示，他在山东师范大学的考试显得从容而镇定。无论是考演奏还是乐理知识、试唱练耳，辛凯都出色地完成了。

文化课方面，由于他底子不错，也轻松地超过了艺术生的文化课分数线。最后，辛凯顺利地考取了山东师范大学的音乐专业。

这时候，田老师已经远渡重洋，到大洋彼岸的美国开始了新的生活。辛凯的妹妹在初中时就考取了中央音乐学院附中，走上了专业的琵琶演奏道路。兄妹俩都迈入了艺术深造的新阶段。

④ 让老师惊讶的出色乐感

进入山东师范大学音乐系学习，是辛凯人生中的重要转折。

在这里，他更加系统地接受了音乐教育，也结识了许多师长和同学，后来正是学长的推荐，他才顺利地进入了电视台，从此和电视事业结缘。不过这些都是后话。

辛凯说，实际上他的专业是"音乐教育"，因为山东师范大学的主要教学任务是为国家输送优质的教师后备力量。

虽然恩师田毓成已经离开中国去美国定居，但是恩师临走的时候交代给辛凯许多话。其中一句话是"你要好好学习钢琴"。因为钢琴作为乐器之王，是其他乐器无法比拟的，它有88个键，几乎包括了音频的全部实用范围。既然走上了学习器乐的道路，田老师希望辛凯能够更加全面一些，这样，音乐素养才会提高。

田老师当然没有想到，后来辛凯会成为电视节目主持人。

20世纪90年代，"电视节目主持人"这一概念还比较模糊，电视上活跃的是倪萍、杨澜那一代人。

"山师音乐专业的老师都非常资深，专业素质很高。他们认真敬业，对我的帮助很大。我也挺争气的，时常给老师一点惊喜。"辛凯对那段沉浸于音乐学习的大学时光十分怀念。

有一件事，他记忆深刻。

在准备艺考的阶段，除了琵琶，辛凯还要准备钢琴演奏。和很多艺考生花钱花时间拜师学琴不同，辛凯的钢琴基本上是自学的。辛凯一边看乐理知识，一边看键盘和谱子，互相对照，从小段的练习曲开始学习。

而他看的那本乐理知识，是从家里的存书中找出的一本丰子恺的著作。辛凯记得，那本乐理知识还是繁体字，"看上去有些泛黄，具体的来历已经记不清楚，为了我们兄妹学习音乐，家里购买的音乐书已经不计其数"。辛凯就是按照书上的标注"照猫画虎"地练习指法，练得多了，就能够演奏门德尔松的钢琴曲了。

上大学之后，学习钢琴的机会变得多了。

有一次专业课上，老师问辛凯："你钢琴弹得怎么样？"

"会一点。"辛凯如实回答。在高手如林的大学音乐系，辛凯的钢琴演奏水平的确不咋样。

老师要求辛凯演奏一曲。

于是他走上台，在钢琴前坐下，演奏了一曲门德尔松的《船歌》。

演奏完毕，他抬起头来等待老师的点评，却看到老师轻轻皱着眉头。辛凯不由得心头一紧，难道自己弹错了什么地方吗？

老师许久才露出惊讶的表情说："你手上的功夫一般，但是……乐感却非常好。"

原来，钢琴的指法必须经过专业的老师指导，否则内行人一眼就能看出来。辛凯的钢琴指法是他为了应付艺考自学的，虽然也曾请懂得钢琴演奏的熟人给他简单地指点过几次，但根本谈不上专业技巧，没有下过苦功。

但是辛凯的乐感弥补了这个缺陷，出色的节奏感和音乐感悟力，让老师为之惊喜。

辛凯调侃道："其实军训的时候，音乐系的学生踢正步永远是最好的，因为节奏感最好，节奏不会乱。而别的系的同学，有时候会越踢越快。"

此外，还有一件事让辛凯引以为傲。大学一年级的时候，学校组织文艺汇演。刚刚步入大学的辛凯，处在"请多多关照"阶段，没想到有一位师姐慕名而来，希望和他合作一个节目，在文艺汇演上为广大师生表演。

原来，该女生是舞蹈专业的，特别喜欢中国古典的曲风，想用敦煌古曲作为背景音乐，跳一段敦煌美学风格的舞蹈，于是便找到辛凯，想请他用琵琶为自己伴奏。

在唐代，琵琶就已经是相当流行的乐器，白居易就有诗歌《琵琶行》，对琵琶演奏进行了生动的描绘。另外在艺术宝库敦煌石窟曾陆续发现了不少古代的琵琶古谱。

既然是为敦煌舞蹈配乐，就必须有敦煌琵琶古谱，于是辛凯和那位女同学便一起去找。经过努力，终于找到了一盘光碟，其中有相关的素材，是按照敦煌古谱演奏的琵琶独奏。但是拿出来一听，却不能用。原因是光碟中的琵琶曲太单调了，作为学习素材还可以，但作为舞蹈的背景音乐则还不够。

辛凯决定，用光碟中的古谱作为基本旋律进行一番再创作，使之作为舞蹈的背景音乐。

经过努力，辛凯将单调的旋律进行了丰富和改良，创作出一曲符合要求的具有敦煌风格的琵琶演奏曲。

文艺汇演时，辛凯怀抱琵琶为同学的舞蹈伴奏。古典的琵琶音色，伴随着女同学优美复古的舞蹈，节目在文艺汇演中得到了师生的一致好评。

这个女同学毕业后进入了北京一家专业剧团，还曾经到中央戏剧学院进行音乐剧专业深造。

大学生活让辛凯的视野更加宽广，他再也不是那个被动等待着老师下达任务的少年，而成为了一个能够主动获取知识的青年。在大学期间，西方的音乐剧《猫》《歌剧魅影》《贝隆夫人》等纷纷进入了辛凯的视野，各个国家各个民族优秀的音乐，都向他敞开了怀抱。他说："那时候最喜欢的是《歌剧魅影》里的'all I ask of you'。"

值得一提的是，那时候网络上还没有西方歌剧原版的歌词，辛凯只好和同学一起凭借有限的英语听力，尽可能地将歌剧的外文歌词用笔记录下来，这些记录至今还被同学们保存着。很多年之后，辛凯与同学互发微信谈到那些优美的歌剧和曾经愉快的学习经历，还会感慨："那都是青春啊。"

大学期间的积淀无疑对辛凯日后的发展起到了关键的作用，为他日后成为一名"知识型"的主持人打下了基础。

⑤ 文笔好，成了"情书代写专家"

如果当年田毓成老师未发现辛凯的音乐天赋，而辛凯不会弹奏琵琶，那么，辛凯会选择什么样的专业道路？会按照母亲最初的期待成为一名中医吗？

辛凯给出的答案是否定的。他说，医学专业要求理科成绩比较好，而自己有些偏科，他的长处都在文科。而同事们觉得他这个理由还不充分，因为在气质上他无疑更加亲近艺术，所以，无论从事什么职业，都会在文化和艺术领域发展。

由于理科成绩不理想，家人认为最重要的是保险地走过高考，顺利进入大学再说，所以让辛凯选择了艺考这条道路。但是这并没有扼杀辛凯对于文学创作的热情。

辛凯说，如果没有学音乐，他会选择中文系。

的确如此，在中小学时，每当写作"你的理想是什么"的作文时，辛凯都会写喜欢文学，将来的愿望是考取中文专业。

这是因为除了音乐，他最爱的就是文学。

小学毕业的时候，辛凯就阅读了《红与黑》《巴黎圣母院》《红楼梦》《三国演义》《水浒传》等名著。他回忆到，他阅读的第一部古典小说，居然是繁体字版的《封神演义》。

对于儿子的阅读，辛凯的父母一直全力支持，特别是名著，在经济条件允许的情况下，都会尽可能地买给他。

高中的时候，辛凯成了书店和旧书摊的常客。

辛凯高中时就读于百年名校济南一中，这是一所名人辈出的学校，邓恩铭、季羡林、臧克家、贺敬之、欧阳中石、陈力为、叶连俊等革命家、著名学者和院士都曾在这里读书。

济南一中的旧址在大明湖畔，南临解放阁和黑虎泉群，是个风景秀丽的所在。

辛凯常常利用下午下课与晚自习的间隙，到解放阁附近走走。那里有一个旧书摊，常常能淘换到好书。

有一次，辛凯十分幸运地淘到两大袋子旧书。

辛凯说，那时候他特别爱读那些书，简直就是一个标准的"书虫"，一双明亮的眼睛也在那个时候读成了近视眼。

读书多了，就有创作的欲望。辛凯说当时自己有两个和创作有关的故事，回忆起来挺有意思，第一件就是把自己写的诗歌谱成乐曲演唱，另一件事就是为早恋的同学代写"情书"。

辛凯喜欢凌厉而有力量的文字。当时陈凯歌导演的大作《霸王别姬》蜚声国内外，辛凯特别喜欢这部电影，更喜欢这部作品原著，因为李碧华的文字甘美而有气势，他认为原著内容更丰富，比电影更有味道。

他亦喜欢细腻的文风，喜欢诗歌，尤其是文风唯美的席慕蓉、戴望舒的作品。此外，辛凯喜欢宋词，对那些婉约的长短句十分醉心，偶尔也能给常见的词牌填词。

那是个诗歌流行的时代，辛凯常常用诗歌的形式写周记。辛凯调侃地说，写诗歌"省事又省力，因为一行字可以不用写满"。

那时候的济南一中已经有了文学社，会刊叫作《齿轮》，辛凯不时在上面刊登作品。

当时辛凯的同桌很欣赏他的才华，毕业之际，辛凯就将那本周记本送给对方，作为留念。

时光如水，岁月如梭。那本笔记本想必如今已经泛黄，曾经的同桌也已经远走他乡，不变的却是青春懵懂的纯真和回忆。

辛凯说自己写诗还有一个不同处，那就是写出一首诗后，就能即兴演唱，而且谱曲极有水平。这当然得益于他多年的琵琶演奏和音乐知识的储备。

课间时，在济南一中，总有一个帅气少年在嘈杂的走廊里，轻轻哼唱为自己诗作谱写的乐曲，十分动情，十分陶醉。

另一件事，是辛凯为一对早恋的同学代写情书的故事，也十分有趣。

早恋的女生坐在辛凯的前方，而恋爱中的男生坐在他的后面，"得天独厚"的地理位置和同学中的好人缘，让他成为传递纸条的"专员"。

因为辛凯文笔好，沉浸在初恋中的男生后来就请求辛凯帮他撰写情书。出于哥们儿义气，辛凯答应了这件事。于是辛凯为他撰写出柔情百转的情书，这个男生再誊抄一遍，由辛凯转交给恋爱中的女生。

久而久之，女生和辛凯也熟络起来，于是也请文笔更胜一筹的辛凯帮助她写回信，传递给后排的男生。

他俩都不知道，这来来往往传递的情书，居然都出自辛凯之手。好在这对同学感情发展比较顺利，辛凯文字优美的情书，估计在其中起了不少作用。

"有一点自己和自己恋爱的感觉，其实感觉还是有点奇怪的。"辛凯回忆起当年的这件事，不由觉得有一些好笑。

后来，又有同学请辛凯写情书。一来二往，大家都知道了他写情书不辱使命，于是他成了"情书代写专业户"。

说实话，辛凯在高中时代没怎么谈过恋爱，却着实写了不少的情书。

在如今 QQ、微信等即时通讯发达的时代，"纸质情书"已经成了文物。然而退回到十几年前，"纸质情书"却是恋爱中不可或缺的重要环节。坐在台灯下苦思冥想，写下一行又撕掉一张，其中的纠结和美好，是触摸屏幕、敲击键盘所无法比拟的。事过多年后，翻出纸张泛黄的情书，怦然心动的感觉一下子跃上心头。这种感觉更是即时通讯所没有的。

辛凯说，高中毕业之后，同学们各自考取了不同的大学，接着又匆匆走上了职场，他与很多中学时代的同学失去联系，其中就包括那对曾经的校园情侣。

不知道当年托辛凯代写情书的一对情侣今天是否走到了一起，是否还记得那些泛黄的旧时光，是否会看到屏幕上辛凯主持的节目？

　　辛凯想象，当他们打开电视，看到昔日为他们传递情书的才子如今活跃在屏幕上，样貌仍然年轻如昨，一定会有一份惊喜。

　　辛凯说，想到这些的时候，他会坚持锻炼身体，保持身材和外形，这样才是对观众和关心爱护着他的人的回馈。

第二章
音乐助我事业起飞

❻ 第一次实习，就出镜当了主持人

在大学毕业之前，辛凯的人生道路上，有这么几个关键词：琵琶、音乐、艺考。

而在步入工作岗位之后，他的关键词则变成了：主持、表演、制片人。

用贴标签来概括一个人，是简单粗糙的方式，辛凯说他并不喜欢这样的方式，但是作为媒体人，他也承认这是一种简单直接的方法。

辛凯以一个主持人的身份采访了中国娱乐界几乎所有最知名的大腕，跻身中国最优秀的娱乐访谈节目主持人和音乐、娱乐节目制作人的行列。他是怎么做到的呢？最初的机缘是什么呢？

这恐怕是很多学习艺术的学生以及希望进入电视媒体的年轻人最想知道的。

所有的必然都需要偶然的机会，就如同燎原的大火，最初需要的只是一点微弱的火星。

在了解了辛凯整个的成功之路后，不得不说，辛凯的职业经历中，确实充满励志的元素和满满的正能量。

有一句话是这样说的：幸福的家庭总是相似的，不幸的家庭却各有各的不幸。事业上也是同样的道理：成功的人总是相似的，而失败者则各有各的失败。

辛凯的成功并不是偶然的，如果说充满艺术气息的家庭环境是他的父母给了他一手好牌，那么在后来的人生中，玩牌的则是他自己。没有他自己的主观努力，好牌也未必能打赢。

"很多事情，我一开始并不看重目的，而是看重过程中我有没有学到东西。"辛凯很认真地说。

　　辛凯总结自己的长处，首先提到的是自己的认真。他的的确确是一个做任何事情都认真的人，这种认真让他看上去与浮躁的电视圈有一点不协调，但"成功的人不在乎输赢，他们就是认真"。（罗永浩在锤子手机发布会上的话）

　　"其实我是一个不习惯和陌生人说太多话的人，就是说我并非一个习惯于自来熟的人，但是这一份工作让我不得不改变。"

　　大学二年级时，忽然有一天，现就职于济南电视台的延磊，与学校联系，希望从音乐系找几个学生去济南电视台实习。

　　老师在经过斟酌之后，认为辛凯无论从外型还是内涵方面，都比较符合要求，便推荐了辛凯和另一个男生。

　　于是，辛凯和另外一个男生来到济南电视台进行面试。所谓面试，

《名嘴K歌王》，演唱电影《夜半歌声》插曲《深情相拥》

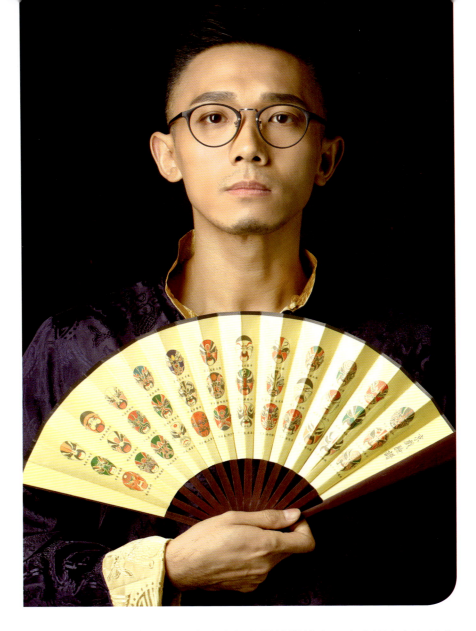

就是"试镜"。还是大二学生的辛凯在懵懵懂懂中，完全没有任何准备就轻装上阵了。结果辛凯被留下了。

　　"那个时候，中国的电视媒体正处在野蛮生长的阶段。"辛凯这样说。的确如此，20 世纪 90 年代，中国电视这张大饭桌突然丰盛起来。在中央电视台率先迅速发展之后，各地纷纷成立电视台，地方台利用更加灵活的条件，不断地学习和借鉴西方电视节目的制作方式，产生了一大批优秀的电视节目，也诞生了一大批直到今天仍然活跃在电视屏幕上的电视节目主持人。

应该说，辛凯是时代的幸运儿。辛凯也说，如果他在今天电视圈、娱乐圈竞争如此激烈的情况下去竞争，按照他有些内向的性格，是不太可能冒出头来的。

时势造英雄，或许就是这个意思。

"延磊是我师姐，听起来像个男孩的名字。"辛凯说，"后来才知道，我的恩师田毓成曾是延磊的班主任，我们也算是师出同门，我们冥冥之中有一种缘分。"

在某个行业特别发展的时候，就会出现人才的紧缺。当时，济南电视台"野蛮生长"着，各个部门和节目组都缺人，于是便去校园里网罗一些还没有"启用"的大学生。因此，有艺术积累并且年轻肯干的辛凯便成为了他们期待的实习生。

当然，这个时候中国的高校还没有开始扩招，大学生的质量与数量都和现在的状况大不相同，因此，还没有毕业的学生也是各家单位争抢的"香饽饽"。

第一关是试镜。

辛凯回忆说，那次所谓试镜与当下严苛的试镜有着质的区别。在如今已经有了多年制片人和主持人经历的辛凯看来，那次试镜是相当简单和随意的。

电视台工作人员把辛凯和那个男生带进了一间屋子，让他们各自做了简单的自我介绍，还让辛凯唱了一首歌，就这样结束了。整个过程竟然没有化妆和

台湾旅行·宜兰礁溪·古老的火车站

服装的准备，也没有考试题。

　　不久以后，济南电视台工作人员就给辛凯打了电话，告诉他已经被录取了。另一名男生则遗憾落选。

　　就这样，辛凯一个人开开心心地去电视台实习了。更让他万万没想到的是，第一次实习他就担任电视主持人，在镜头前面对广大的电视观众了。

　　"那档节目叫作《商业七色光》，镜头是济南西市场，我们去采访西市场的商业情况。"

　　辛凯已经有些记不清楚第一次上镜头的具体情况，只记得能够面对镜头，让熟悉的人在电视上看到自己，实在新鲜有趣。那个节目是关于商业的，节目内容是辛凯所不熟悉的，但他做得很好。从此他对电视

台湾清境农场

事业有了兴趣。

在因特网没有广泛普及的时候，电视就是一般市民家庭了解世界最快最直观的媒体平台。

辛凯庆幸自己在那样一个充满机会和冒险的时候迈进了这个行业。

是金子总会发光。大概参加了一段时间《商业七色光》的采访活动之后，有一天，电视台的领导发现了这个镜头感不错的实习生，便通过了解得知他是山东师范大学的在读生，专业是器乐，会弹琵琶，还会弹钢琴，对音乐有很深的造诣。

"既然这个小孩是学音乐的，那就让他去主持音乐节目吧。"就这样，领导的一句话，让辛凯迎来了人生中第二个重要的转折点，成为了音乐节目的主持人。

当时，济南台有一档原创音乐节目，叫《音乐星河》，内容是向广大的乐迷朋友推荐新歌，并搭建歌手与观众互动的平台。或许是由于有专业音乐基础的电视人有限，又或许是希望用年轻人来为节目增添活力，辛凯就这样被安排主持了这档音乐节目。

辛凯回忆说，这对于他来说，确实是人尽其才的选择。

一方面，他是音乐专业出身，有学院派的音乐知识，推介流行音乐并非难事。另一方面，他年轻，从小就受到流行音乐的影响，对流行音乐并不排斥。在电视业远远没有现在强势的时期，很多专业的音乐人，特别是学院派对流行音乐是相当排斥的。

就这样，还没有迈出大学的校门，辛凯就已经走出了自己事业的第一步。这一步，不仅仅是他一次社会实践的开始，更是他后来职业生涯中至关重要的起点。

做全能型主持人

20 世纪 90 年代，香港和台湾在现代化造星生产线上包装制作出来的优质歌星，开始大肆进军内地，包括四大天王在内的一大批超级偶像在内地掀起一阵又一阵的浪潮。

这时候的中国内地乐坛，早已不是辛凯幼年流行《橄榄树》时候的样子了。简单通俗的歌词和朗朗上口的曲调，占据了大街小巷和各种晚会，一大批歌手在那个时期诞生，中国乐坛一派偶像丛生、欣欣向荣的景象。

正是在这样的背景下，许多地方电视台推出了一系列流行音乐节目，通过推荐新歌和介绍当红歌手为主要内容，用以吸引年轻的音乐爱好者成为电视节目的忠实受众。

所谓时势造英雄，《音乐星河》电视节目正是在这样的背景下诞生的。

辛凯回忆说，唱片公司为了宣传和推广自己包装制作的歌手以及相关的音乐专辑，会特别关注电视台有关流行音乐的节目，因为电视平台具有很强大的宣传力度，一首歌一旦被电视台播放，就会被大面积的观众所知，大街小巷也会传唱起来，一首歌红遍大江南北的事情时有发生。在没有网络的时代，电视是最直观和强势的媒体平台，唱片公司纷纷将自家制作的音乐专辑寄给全国各地相关的音乐节目组，而辛凯和他所在的这个团队，需要每天从全国各地寄来的唱片中筛选，精心打磨成好看、好听并且好玩的形式，播放给等待获取新歌的乐迷们。

"那时候的当红明星中，歌星占据的比例要远远多于演员，因为在

没有网络的时代，一首歌的传播效率要远远高于一部影视作品。所以歌手比演员在 20 世纪 90 年代更加吃香。"这是一位传播史学者的论断，也得到了亲历当时盛况的辛凯的认可。

"那是中国流行音乐的黄金时期。那时候全国的流行音乐繁荣到可以划分派别。例如一些从广州起家的流行歌手，被称为'岭南派'，他们受港式情歌的影响很深，但同时又是内地歌手，这批人里面现在很多人仍然不被人所知。"辛凯介绍说。

与中国流行音乐的繁荣相近似的是当时中国电视行业，同样在一个草莽阶段的上升期，到处是"江湖好汉"。《音乐星河》的制作团队，正是敢闯敢干的这么一伙子人，他们颇具江湖义气，做节目如同行走于山野间的绿林豪侠，崇尚自由和真实，他们的理想就是在节目中表达自己最真诚的追求。

辛凯说，《音乐星河》的制片人叫黄群，是一个非常具有理想主义的电视人。黄群灵活的制片思路，让还没有大学毕业的辛凯受益良多。

经过了解，黄群决定让初出茅庐的辛凯用一种全新的方式来解读流行音乐。

在以往介绍音乐的节目中，主持人往往照本宣科，按照事先准备好的讲稿对一首歌或者一个歌手进行程式化的介绍，介绍的内容无外乎歌手的出生时间、籍贯以及音乐的大体风格。这种介绍十分僵化，即使介绍歌手的生平趣事都平淡无奇。那时候的娱乐节目，用今天的眼光看是拘板而严肃的。

黄群显然不喜欢这种严肃的娱乐模式，他认为娱乐节目应该用通俗的方式表达，而表达的内容却必须专业，这样才能既为

台湾清境农场

广大乐迷喜闻乐见，又起到高屋建瓴的作用，才能够对广大乐迷起到很好的引导和帮助作用。

他注意到辛凯和他自己一样，是从里到外都十分热爱音乐的人，又有着专业的音乐教育背景，于是他对辛凯说："（解说词）就不要照本宣科了，就按照你自己想说的说吧。"

如何在纷至沓来的流行音乐歌手和曲风纷繁复杂的音乐专辑中摘选出值得与观众分享的乐曲，这对于节目制作者来说并非难事，因为最当红的歌手和最有传唱潜质的歌曲，是很容易辨识的。

难点在于解读。越是流行的东西，就越是大众的艺术，因此要想在此基础上解读出新的角度和深度，是不容易的。

一首歌的动人之处何在？一名歌手扬名四海的核心竞争力是什么？

随《假日旅游》栏目"大咖伴你行"活动游台湾

这些对于外行和大众来说，也许并不能一下子点中要害，而辛凯却拥有这样的专长。他有着专业的音乐知识和多年器乐演奏的经验，对从红歌到流行音乐的各种类型有着丰富的积累，并且兼收并蓄。又因为辛凯有着出色的文字功底，因此他不仅能充分理解歌词的内容，而且解说也极具文采。可以说，用自己的语言和心得来解说流行音乐，恰恰是他的长处。既可以进入流行音乐之中，又可以跳出其外，站在更高的位置，用更广阔的眼光去看待一首歌或某种音乐类型。

在黄群的鼓励下，辛凯扔掉了解说词，遵照自己对于一首歌、一种流行音乐流派和一个具体歌星的理解进行评价解说。

"这种感觉是最好的。"辛凯表示，"能够按照自己的理解去表达和解说，就像鸟儿飞出了鸟笼。"

辛凯是幸运的，因为他赶上了中国音乐传播史上起飞的时期。辛凯也是勤奋的，他是被幸运女神眷顾的有准备的人，他多年勤奋的积累，遇到了机遇，就迸发出了惊人的力量。

至今仍有观众对那档远去的《音乐星河》节目念念不忘。辛凯的主持风格，对音乐深刻的理解和通俗又亲切的表达，让他获得了观众的认可。

"我幸运的地方就在于，我起家的这几档节目都是音乐节目，因为我是这么热爱音乐。"辛凯说。

《音乐星河》是日播节目，辛凯作为在校大学生，除了上课，全部时间都放在了和黄群及一众年轻电视人一起制作这档节目上。

辛凯回忆说："当时节目组有黄群、燕子、我，还有另外一个姐姐。反正只有五六个人。那时候我们这伙人总是混着用，什么活都能接替。那时候电视节目虽然粗糙但是却很蓬勃，制作理念较自由。其实那几年是电视的好时光，大家都很认可电视。"

随着节目的收视率攀高，不少歌星也会借助节目举办歌友会。辛凯清楚地记得，自己第一场歌友会请来的是孙悦。那段时间是这位东北籍歌手最红的一个时期，几乎所有重要的大型晚会都会邀请她出场。她的歌曲《祝你平安》推出不久，大街小巷都被这首温柔的歌曲浸泡着。

"那也是中国电视业发展的一个黄金时期，人们都认同电视这种传播方式了。"辛凯回忆说。

　　在歌友会的后期制作中，辛凯学会了后期制作。他的搭档是一个叫作燕子的女孩，是黄群麾下小团队里的重要成员，燕子教会辛凯如何使用编辑机剪辑带子。

　　辛凯说，自己上道很快，成为了一个很好的后期制作高手。在燕子的指点下，辛凯很快学会了如何用现在看来已经陈旧的、但当时却非常先进的编辑机剪接录像带，制作出结构合理、精彩纷呈的节目。

　　那时候播放的音乐多是最红的一批歌手的歌曲，例如孙悦、李进、韩磊、林依轮、朱哲琴、陈明、朱桦等，这些歌手至今仍然是许多听众的偶像。如何将这些歌手的歌发挥得恰到好处，如何在适合的地方进行解说、插入字幕，是很考验一个电视人的能力的。辛凯凭借敏锐的节奏感，经他剪接的点，总是卡得很准确。

　　"在《音乐星河》节目组，我个人最大的收获就是，当我离开《音乐星河》节目组的时候，对电视节目制作就是一个熟手了。"辛凯说。

　　草莽时代的草莽，给了辛凯长刀直入电视圈子的一身本领。

　　然而，天下没有不散的宴席，草莽的时代永远都会在整合中被规范，重新出发。

　　后来，《音乐星河》节目组解体了，曾经在一起的团队成员都各奔东西。黄群去北京开了一家文化公司，而辛凯也回归了校园。济南电视台给了他人生中最重要的平台和机遇，打下了他日后成为山东乃至全国出色主持人的基础。

🎱 音乐如风，放飞千千结

经过在济南电视台那段充实的实习锻炼，辛凯长了本事，大学毕业后顺利找到了一份工作，在山东电视综艺频道做主持人。正是在这里，辛凯迅速成长，成为整个山东乃至全国都有一定知名度的电视节目主持人。

相信很多当年山东综艺频道的观众对辛凯主持的那档知名的电视节目都还留有印象，这档节目就是《音乐风》。

辛凯说，《音乐风》的节目形式和他之前在济南电视台做的《音乐星河》的形式是基本一致的，即"音乐广播的图像化"。但《音乐风》是更大的平台，观众人数更多，所推歌手是娱乐明星阵营中备受追捧的一群人，每一位歌手的最新单曲都会引起人们的追捧，因此音乐节目的收视率很高。

辛凯将在《音乐星河》中积累的所有经验都用在《音乐风》中，效果非常好。"等于说我直接过来就是可以用的人，所以一到山东综艺频道，我就直接去《音乐风》这个栏目了"。

最初，辛凯在《音乐风》是做编辑，给主持人写稿子、录像。后来，因为他的形象气质佳，又有在济南电视台的出镜经验，所以渐渐地开始作为主持人做播出带了。

"那个时候为了做节目，经常通宵加班，但是无论多么繁重的工作，都感觉不到累。"

这时的辛凯已远比学生时代成熟，介绍歌手与音乐专辑时，更加洒脱和自如。辛凯说："我从来不写稿子背台词，目的是能够即兴发挥。

这段时间非常锻炼人，锻炼我在背景资料都不知道的时候，就能说出一段特别好的解说词。"

　　经过《音乐风》节目制作的锻炼，辛凯的主持水平和业务水平都有了很大的提高。终于，另一个上台阶的节目成为他事业发展的新起点。

　　谈到这个节目，很多电视观众，特别是出生于 20 世纪 80 年代的一代人都会有很深刻的印象，这个节目就是山东电视综艺频道的《音乐千千结》。

　　1999 年 5 月，这档栏目在山东电视综艺频道播出，好评一片。

　　在还没有 MP3 以及智能手机的时代，这档栏目是追星族和流行音乐发烧友的必追节目，尤其是中学校园的 80 后。

　　"《音乐千千结》伴随着我度过了很长一段快乐时光。"这是一位

2013 年，在北京采访基努·里维斯

80后观众在一篇博客中提到的。可见其影响力的深远以及给观众留下的深刻印象。

与《音乐风》不同，《音乐千千结》是一档形式完全不同的音乐节目，如果说《音乐风》是平面化的音乐单曲和歌星推荐，那么《音乐千千结》就是立体的全方位音乐节目。它的特点是，当红歌手来到节目录制现场，与主持人和观众互动，将唱歌和娱乐结合在一起。

这种综艺节目的形式是十分新颖的。"各个电视台都会有专门的部门，去研究节目的设置，特别会向西方一些走红的电视节目学习。我们当时的综艺节目还在一个起飞的状态，所以会参照当时港台地区和国外的娱乐节目。《音乐千千结》就是这样应运而生的。"

对于辛凯来说，《音乐千千结》最大的挑战是直播。

"我开始不得不锻炼自己直播的能力。"

或许辛凯在日常工作中很注意积累，或许他本来就具有直播节目的天赋，他第一次直播就获得了领导的好评。

《音乐千千结》最后10分钟，还播放短剧，题材是偶像剧，主演就是辛凯和他的搭档舒娴，内容是浪漫唯美的爱情故事。

偶像剧的引入是为了使节目更加活泼，拴住更多的观众，用现在一句时髦的话说，就是"提高用户黏度"。

为了包装主持人，提高表演

《明星面对面》时期，辛凯当时还是个胖子（和现在的他相比）

2015 年《名嘴 K 歌王》，演唱电影《夜半歌声》插曲《深情相拥》

能力，辛凯和他的小伙伴们还被台里安排去山东艺术学院学习表演。"当时我就觉得演戏是一个特别好玩的事儿。" 辛凯说。负责教授表演课的老师要求学生自编自演给出的题目，辛凯总是能够顺利地完成。

辛凯和搭档舒娴学习很认真，老师布置的功课他们两个都尽力去完成。

辛凯还在单位的安排下跟随山东师范大学一位专业的表演老师学习表演，学习如何做小品。

有一次，老师布置了一个题目，叫作"悔恨"，要求围绕这一个关键词展开想象，编排一个故事，并且表演出来。这种形式广泛地运用于表演专业课中，类似于中央戏剧学院的 "观察生活练习"。

辛凯是音乐学专业，对戏剧表演是零基础，但是由于他们学习的目的很明确，要直接运用于实践，需要活学活用、现学现用，所以要求比一般表演系学生更加严格。

辛凯对情节的设置是这样的："在一个墓地，我的搭档跪在墓地前

哭。我是她的男朋友，是我开着车带着她爸爸出了车祸。"老师觉得这个戏剧冲突比较好，一方面男主角是女主角所爱之人，同时又是间接害死她父亲的人，所以女主角对这个男主角又爱又恨，戏剧极具冲突性。

辛凯和舒娴出色的戏剧创作能力和表演能力，得到了老师的肯定和表扬。

偶像剧让这档音乐节目拓宽了观众群，吸引了那些喜欢看短剧的大批观众。

直到如今，仍然有人将当年的偶像剧传到网络上，回忆青涩又温馨的岁月。

很多人就是从那个时候开始成为辛凯的忠实拥趸。

很多年后，一位观众谈到他对于《音乐千千结》的感受，是这样说的："这档节目伴随着我度过了很长一段时间，也特别喜欢里面的这些青春偶像剧！《音乐千千结》里的青春偶像剧让我回忆了青涩，回忆了快乐，回忆了辛凯和舒娴随着节目的播出一步步地成长，看到今天的辛凯和几年前的辛凯，我们感觉到他也成熟了，人都是在进步的。"

在《音乐千千结》的后期，为了迎合和适应火热的唱片业，以及满足观众同歌手互动的需求，山东综艺频道举办了明星歌友会，加强节目的现场感。

现场即兴的主持，与歌手实时的交流，让辛凯更加充分地发挥了音乐专业的特长。

那个时候，能够全国飞来飞去赴现场歌友会的歌星都有千千万万的拥趸，能够成为《音乐千千结》歌友会座上宾的，即使不是当下最走红的歌星，也应该是非常知名的唱作人。第一期举办歌友会的歌星是杜德伟，第二期是徐怀钰，之后有迪克牛仔、熊天平、费翔等，都极具号召力，唱片销售动辄数十万。而辛凯就犹如一个本土的内行，接待着这些明星大腕，他们和辛凯聊天总是感觉很自如，很容易开启话题。

通过制作现场歌友会，辛凯的收获也颇丰。一是步入工作岗位不久，就接触到那些知名的歌手，开拓了眼界。例如费翔，至今仍然是华语乐坛的常青树，即使与那些火爆的选秀音乐节目导师相比，也毫不逊色。

影视频道《明星面对面》采访廖凡

辛凯回忆说："费翔真的是非常有亲和力的人。"二是提高了现场掌控能力，现场直播毫无惧色，自如洒脱，特别是与明星面对面的时候，仍然能很好地带动现场的气氛。

有几次愉快的经历，让许多观众至今记忆犹新。

在一次以徐怀钰为嘉宾的歌友会上，辛凯为了调动现场气氛，竟当场教徐怀钰演唱山东本土民歌《王大娘喂鸡》。这首歌的主题是农村生产队负责养鸡的王大娘喂鸡，歌词非常接地气："王（呀么）王大娘呀，笑（呀么）笑嘻嘻，清晨起来撒开了一群鸡……"

徐怀钰凭借一首《我是女生》而一炮走红，成为当时最走红的女歌手。也许对于现在的年轻乐迷来讲，徐怀钰已经是昨日黄花，但是在 20 世纪末，这个名字红遍两岸三地甚至整个东亚地区。相比现在如邓紫棋、陈永馨等依靠选秀类节目忽然爆红的女歌手，徐怀钰那时候红得更加有底气。几乎满大街都在播放着徐怀钰的流行歌曲。

影视频道《明星面对面》采访张译

徐怀钰的演唱风格很独特，既有港台玉女的温柔恬静，又有蔡依林、王心凌的可爱俏皮。几乎所有从那个时期走过来的青年男女，都会带着随身听一边走一边轻声哼唱《我是女生》。

徐怀钰出身于一个单亲家庭，在家中排行老大，有一个小她一岁的弟弟和两个同母异父的妹妹，全家只靠妈妈在电子工厂打零工生活。上幼儿园时，她学过钢琴和小提琴，可以说从小就具有一定的音乐天赋。为了减轻母亲的负担，从上高一起，徐怀钰就半工半读，在西餐厅里打工。在餐厅工作期间，徐怀钰开始拍第一则广告。一天，徐怀钰在家中边洗衣服边唱歌，歌声被音乐制作人翁孝良听到，由于翁孝良的推荐，徐怀钰正式出道。

是的，不要惊讶，在那个没有互联网、没有选秀节目的年代，许多歌手的出道故事就是这样的离奇。那个时候，音乐平台掌握在很少一部分人的手里。想要听一首歌，必须借助于笨重的磁带或者是光盘，通过唱片公司发布的新专辑，才能够一睹歌手的风采，听到歌手的歌声。那时，歌手总是走偶像派路线，因为歌手的整个缔造过程都是与大众隔离开的，因此必然会成为一个遥远而无缺点的偶像。

"那时候的歌手是神，是崇高而遥远的，是不食人间烟火的。"这是歌迷"云彩里的眼睛"对当时歌星的定位。

所以，歌手特别在乎自己的形象，一旦定位之后，就要完全按照明星工厂，也就是经纪公司的包装去走完剩下的路途。

徐怀钰是台湾乐坛的玉女代表，虽然也有节奏诙谐的说唱流传，例如《我是女生》，但更多的还是唱与她最初的定位相符合的玉女范儿歌曲。而她的做派，理应是规范而优雅的，就如同所有年轻美貌的歌手那样。

由于来自台湾，她身上还带有一股时髦的派头，特别是 20 世纪末，内地和台湾的经济收入差距还比较大，对于真正的国际流行时尚，一般内地老百姓也比较陌生，好不容易发现一个港台时髦明星出道，立刻就会被追捧时尚的年轻学生所簇拥。用辛凯的话说，那个时候的港台歌手，是来一个火一个，毫无悬念。

正是在这些综合因素作用下，出身于台湾平民家庭的徐怀钰，借着好运气和自身的条件红了。

徐怀钰被《音乐千千结》请到现场时，一阵阵欢呼声响起来。很多请假远道而来的忠实粉丝，兴高采烈地鼓掌欢呼，不时有狂热的粉丝冲上台来，只为了能够和徐怀钰有更近距离的接触，能够让她的纤纤玉手在自己准备好的海报或者唱片上签一个名。

就是在这样的氛围下，辛凯做了一件让徐怀钰永远不会忘记，也让在场所有歌迷不能忘记的事情。

在节目录制现场，徐怀钰被辛凯带动的气氛所感动，在辛凯的要求下，跟着辛凯学唱了和她的气场形成鲜明对比的山东民歌《王大娘喂鸡》，引得观众席上一片欢呼沸腾。

"王大娘喂鸡是我上学的时候就听到过的一首歌。"辛凯说，"之所以让徐怀钰演唱这首歌，是为了能够调动现场观众的气氛，同时也是

2016 年，拍摄于奥地利萨尔茨堡

为了和徐怀钰有比较深入的交流。"

《王大娘喂鸡》创作于 20 世纪中叶，是新中国成立后整理的一首山东民歌，由宋云庆先生填词。这首歌曲旋律带有浓郁的山东乡土风格，歌词诙谐轻松，给人的感觉比《沂蒙山小调》更加接地气。用老百姓的话说，这首歌有"土坷垃"的味。

这首歌的歌词非常通俗，唱起来带有强烈的方言特色。"王（呀么）王大娘呀，笑（呀么）笑嘻嘻，清晨起来撒开了一群鸡……"

这首歌的内容是生产队的王大娘喂鸡的故事，表现了集体经济下农村大娘从事生产的欢快场景。这首歌是德州民歌的代表作，多次被收录于德州或者山东相关的风土文化书籍内。

如此一首草根气质浓郁的歌，辛凯竟要求当时被唱片公司包装出来的歌星徐怀钰演唱，这个创意多多少少让人有点难以理解。但是辛凯认为，只有形成了强烈的反差，才会令现场气氛走向高潮。这也是辛凯作为一个主持人匠心独运的一次尝试。

这一首和徐怀钰的外形与曲风都截然相反的《王大娘喂鸡》，一被辛凯哼唱出来，台下徐怀钰的歌迷就沸腾了，爆发出了强烈的呼喊声。

辛凯站在台上，分不清这呼声来自哪个方向。

"好，现在，徐怀钰，你要跟着我学唱这首歌，我唱一句你唱一句。"接着，辛凯就随口唱出了《王大娘喂鸡》的开头。

"虽然徐怀钰是跟着我唱的，但没想到她不仅音准把握得很好，就连歌曲的农村风情都演唱出来了。而且徐怀钰唱出来之后，还露出了她标志性的微笑。"辛凯回忆说。

正是因为徐怀钰亲和地学唱，将那一场歌友见面会推向了高潮。四面的观众爆发了热烈的欢呼，以至于等候在演播厅之外的许多歌迷不清楚里面到底发生了什么。

这件事直到很多年后仍然被歌迷们津津乐道。如今，曾经红透大江南北的徐怀钰，早已如很多当年红极一时的歌手一样，音容不复昔日。但辛凯却仍然活跃在电视舞台上，仍然深受观众的喜爱。

在这个时代，不断有更新的看点冲击着电视屏幕，在一波又一波的攻势之下观众是健忘的。而压力巨大的圈子里，能在观众的脑海里留下一两个舞台上的瞬间，这真的是一件不容易的事情。

这种创新和真诚有趣，是辛凯被人称道的主持风格。担任主持人的岁月中，他一直以温文尔雅的性格和趣味盎然的气质，支撑着节目，赢得了观众。

除了温文尔雅和有些淘气，辛凯能够多年执掌音乐节目的话筒，还有另外一个更有说服力的原因，那无疑就是极高的音乐素质。

无论是天赋还是后天的科班教育，以及持续的学习和充电，都让辛凯可以作为一个电视职业音乐传播者存在。有人说，辛凯其实不是中国最好的主持人之一，而是电视圈用最好的音乐 VJ 标准来要求自己的主持人之一。

还有一次有趣的歌友见面会，是辛凯与大名鼎鼎的李杰。

说起李杰，可能很多 90 后的音乐发烧友并不是特别熟悉，但是在业内和更早一点的乐迷心中，李杰绝对是圈内一流的音乐人。

2009年，《歌声飘过60年》常石磊专场

李杰外貌不扬，第一眼看去，绝对不是什么偶像型歌手。的确，他更为人所知的身份是著名词曲作者、音乐编配和制作人，但是在创作之余，他也为自己打造一些音乐，用更加时髦的标签来定义，李杰是中国最早也是做得最为成熟的唱作人。那么，何为唱作人？以前不久浙江卫视大力热捧的选秀类节目《中国好歌曲》为例。著名歌手火风的儿子霍尊，以一首中国风浓郁的《卷珠帘》一炮而红，这首歌就是他自己创作的，因此更加能够娴熟地阐明歌曲的意味，演唱得也更加到位。像霍尊这样能写能唱的歌手，我们就称为唱作人或唱作型歌手。能够被囊括到这个类别中的歌手大有人在，其中往往能够产生大师级、教父级的音乐人，例如我们熟知的音乐家刘欢、李宗盛、罗大佑和韩红，都属于创作型歌手、艺术家。

李杰，就是中国最早尝试兼唱兼作的歌手之一。

早在1985年，李杰就进入中央歌舞团。1986年录制第一张专辑《热爱你和我》和第二张专辑《昨夜》。1996年，他作为少数有机会和国际唱片公司合作的中国内地歌手，签约日本JVC唱片公司。1997年创作的《红旗飘飘》获上海东方电台最佳作曲奖；作品《水中人》获中央人民广播电台1997年度特别推荐奖和1997至1998年度"绿兰莎杯"全国十大金曲奖；《笑容》获中央人民广播电台1998年度十大金曲奖。李杰曾为国内许多青年歌手创作歌曲，如张咪的《和我一起飞翔》，孙楠的《红旗飘飘》，那英的《天亮》。人们或许不知道李杰，但是绝对不可能不知道他所创作的音乐。

在音乐界被称为"音乐裁缝"的李杰，在面对初出茅庐的主持人辛凯的时候会怎么样？越是实力派的音乐人参加电视节目，对主持人的要求就越高，因为实力派音乐人不需要特别的包装，就已经能够拥有江湖地位，他们的水准和内涵会让浅薄的主持人难以亲近。

但是没想到，就是这位当时已经名满圈内的音乐制作人，居然对辛凯赞赏有加。

正是因为后台一件微不足道的细节，辛凯给李杰留下了极为深刻的印象。

李杰在后台准备的时候，辛凯和他聊起了印度音乐的许多专业术语，李杰备感意外，也非常兴奋。他吃惊地感叹："你（辛凯）居然都知道！"

笔者采访辛凯时，曾谈论到龚琳娜的《忐忑》，辛凯从专业角度谈及对龚琳娜音乐的认识："她的现场掌控能力太强了，《忐忑》唱得太好了，其实《忐忑》是中国音乐中的锣鼓点，如果不懂中国传统器乐的话，是听不懂的。"所谓内行看门道、外行看热闹，大概就是这个意思。

在一档音乐节目制作中，有一个真正能够理解和热爱音乐的主持人，就是对参加节目录制的嘉宾最好的尊重了。

《音乐风》和《音乐千千结》凭借精良的制作，凭借山东综艺频道这样好的平台，风靡一时，成为山东电视观众，特别是年轻观众最喜爱的娱乐综艺节目之一。许多中学生常常会在《音乐千千结》播放的那天互相提醒：今天别忘记收看。第二天见面时，他们就会互相讨论昨天节目的内容。

当时到《音乐千千结》做节目的歌星多数来自港台地区，一方面因为那个时候港台的明星有神秘感，存在文化开放程度等的差别；另一方面，港台地区对艺人的包装以及娱乐产业的制作也比内地先进很多。

对于辛凯来说，这两档收视率喜人的节目给他带来的直接效应就是让他成为了公众人物。走在大街上，人们会认出他来。这既给他带来了好处，也带来了不便。

2010 年，《六点不一样》采访陈楚生

　　辛凯曾讲过一件有趣的事。

　　为了能够以更好的形象参加直播，有一次，辛凯和另外一名主持搭档到历山路一家美发店进行形象设计。当他们辛辛苦苦做好了造型，从美发店里出来的时候，却发生了始料不及的事情。本来晴朗的天气忽然乌云密布，天降大雨，他和搭档被大雨淋湿在济南的街头。

　　这时候，距离节目直播的时间已经所剩不多，辛凯和同伴十分焦急。

　　突如其来的大雨，让本来繁忙的公共交通系统更加崩溃。路上的出租车几乎都在雨中保持着载客的状态，从辛凯和同伴面前疾驰而过。

　　"当时根本打不到车，我们为了不耽误工作，只能向过往的车辆求助。"辛凯说。但是在大雨中行驶的私家车一定都有事，谁愿意理会他们呢?

好在,作为公众人物的辛凯具有比较容易识别的外形,有一辆行驶的车摇下车窗,副驾驶座位上的人看着路边的辛凯,对驾驶员说:"那好像是主持人辛凯!"

但也许是他们没有意识到辛凯在搭车,那辆车未停,而从他们身边疾驰而过。

在雨中等了一会儿,终于有辆车停下来,车主问道:"你是电视台的辛凯吧?"辛凯和同伴如遇救星,告诉车主他们马上要去电视台直播,请送他们一程。

"回到台里,我们的造型等于白做了,只好随便吹了一下头发,就开始工作了。"

好在电视台的领导体谅辛凯的难处,并没有因此而责怪他们。

"我们领导还是很好的,倒也没有说我们什么。"辛凯想起那件事,仍然心有余悸。

这件事虽然没有造成播出事故,但是却让辛凯感受到了工作的压

影视频道《明星面对面》——新《红楼梦》首映礼(左起蒋梦婕、于小彤、辛凯、导演李少红、杨洋)

力，更感受到作为一个公众人物所受到的关注和热情。一个参与直播的主持人要承受的压力，是一般人很难体会的。

"直播需要更精心的准备和周密的思考，一件事情需要再三斟酌，围绕着直播的时间和地点，不允许有一点闪失。"

此后，辛凯再也没有出现过这样危险的事情。

"这么多年，在镜头前承受着如此大的压力，你累吗？"当被问到这个问题时，辛凯的眼睛里微微闪现出一点亮晶晶的光芒："这是作为一个主持人，特别是参与直播的现场主持人所必须承受的。"

💿 当有特点的制片人

　　从综艺频道转入影视频道之后，辛凯开始了更加忙碌的职业生涯。辛凯说，曾经有一段时间，是他特别累的时候，那就是录播《综艺满天星》的开头几年。《综艺满天星》是山东卫视的一档王牌娱乐节目，是一档全方位、大规模的平民选秀栏目，是一个大众实现梦想的舞台，是宣传美丽山东的窗口，是全社会关注的最具魅力最具活力的品牌。《综艺满天星》的形式非常灵活，已经举办了六个系列的节目，像《综艺满天星》《演艺新人王》《美丽新偶像》《歌王唱翻天》《我是大明星》等，规模宏大。做这样的综艺节目，主持人自

然轻松不了。

那段时间，作为《综艺满天星》的主持人，辛凯总是在各个录影棚里奔波，有时候为了录节目，需要整日处在工作状态。无论多么忙多么累，对于一个优秀主持人来说，都必须用最好的状态面对镜头和观众。不管在工作之外有什么样的烦心事儿，灯光一亮，呈现出来的都必须是快乐、优雅和精力充沛的一面。

有人说，《综艺满天星》之于山东综艺频道，就犹如《欢乐今宵》之于香港电视广播有限公司（TVB）的意义。这档形式多样、持续时间长的大型综艺节目，不仅陪伴着很多学生度过了青春年华，也陪伴许多繁忙的上班族度过了无数个愉快的夜晚。许多全国知名的幸运之星，最初都曾经凭借这档栏目走向全国，被人们所知。对于山东本土的观众而言，这更是自己娘家的王牌节目。

这档栏目荣获了许多荣誉，但是最大的荣誉还是在观众的内心。

捧红了众多新星的娱乐节目，也给了辛凯一个新的舞台。

辛凯回忆，曾经有很长一段时间，从周一到周五都要制作播放这档栏目，搞得他很紧张，有时候夜间做梦，都是奔赴在录制现场的路上。"特别紧张，总是担心会迟到，或者直播现场出现什么状况"。

这段繁忙的日子，让辛凯充分体会到了压力。同时，压力带来了巨大的动力，让他的应变能力和承受重负的能力得到大幅度的提升。

"其实观众是非常挑剔的。"辛凯如是说。他认为一方面当下电视圈新人辈出，吸引了无数的观众，而另一方面观众的关注度是有限的，关注新人的同时会疏忽"旧人"。当一个人远离了屏幕，无论曾经经历怎样的成功，都会很快被遗忘。因此只有提供更好的状态，让节目更加精彩，才能够在娱乐圈这个名利场上占有一席之地。

日复一日地认真工作，领导与同仁都看到并认可了他。辛凯的朋友对他说：那段时间只要一打开电视，就会看到你。

在电视台领导看来，辛凯确实是一个多面手、一个高素质的可用之人。辛凯说，在长期工作中，他积累了几条工作经验，其中重要的一条就是要对领导说实话，说心里话，有什么说什么。"凡是能够登上领导

位置的，都是有相当阅历的人，有时候你心里想做的事情，对于领导而言，一眼就能看清楚，所以与其藏着掖着，还不如待人以诚。"这一经验，与很多所谓成功学大师给出的人生准则大相径庭，他们奉劝年轻人对领导和同事要有所保留。

后来，在电视台领导和同仁的认可与支持下，辛凯成为制片人，开始带领团队，做统筹管理等工作，更加繁忙了。

制片人是一个节目组的灵魂，相当于一个家庭的家长。节目的创意、策划是考验制片人水准、眼界的试金石。

作为制片人，辛凯需要全权负责剧本统筹、前期筹备、组建摄制组（包括演职人员以及摄制器材的合同签订）、摄制成本核算、财务审核，在执行拍摄生产和后期制作中起主导作用。此外，所有的技术人员，包括摄像、灯光、剧务等人都要在制片人的指挥下完成工作。

但任何一个提升为制片人的主持人起初都会经历一个难以适应工作的过程。当制片人不仅是荣誉和机会，也是巨大的挑战，需要面对更多的压力，付出更多的心血。这是所有初次担任制片人的电视人都要面对的难关。尤其是辛凯担任制片人时，大的传播环境悄然发生了变化。

此时的大环境与辛凯刚刚入行时已经有所不同，电视行业不再拥有绝对的优势和权威，互联网甚至移动互联网正如同冉冉升起的太阳，光芒辐射到社会生活的各个层面，各种传统意义上的传播方式黯然失色。

电视虽然比平面媒体有其特别的优势，例如表现方式更加立体、用户稳定等，但是互联网无疑在具备电视几乎所有传播优势的同时，还能给用户更多神奇的体验。例如信息量大，检索方便快捷，不受时间制约等等。当初还只是一家小小门户网站的"搜狐"，从事网络节目制作的一个菜鸟级制作人，都曾经放出过"给我一根网线，我能直播整个世界"的豪言壮语。当年毫无专业经验的网络主持人，后来竟登上春节联欢晚会的舞台。这就是时势造英雄。在电视媒体崛起中涌出的众多电视人，自然体验到电视平台的短板和限制。

如何在电视观众不断流失、涌向网络的时候，把更多的眼球留在电视屏幕上，成为所有电视人必须面对的一个问题。

不少实力雄厚的地方卫视开始尝试新的节目形式，但除了借鉴国外大型娱乐节目之外，似乎也很少有自己的独创。即使引进外国的节目制作模式，也需要节目参与者，于是依靠所谓"综艺咖"或者选秀明星不断制造话题，甚至恶意炒作等方式应运而生，不断"劫持"观众的注意力。

而辛凯却坚守着一个电视人的标准，坚持勤奋、认真的工作精神，完成了由一个主持人到全能型主持人的蜕变，这是相当不容易的。辛凯认为，无论外界的环境如何改变，能够决定一个电视人走得多高、走得多远的，并不仅是技术，更重要的是内涵，是为观众服务的意识。

"我觉得我特别幸运。一开始入行，就进入了自己特别擅长的领域，主持音乐节目，就是大家熟知的《音乐风》和《音乐千千结》。这两个节目让我打下的基础都特别牢靠。如果一开始的工作内容不是我专长的领域，比如体育节目，我可能就 hold 不住。技术这个东西是可以练的，而素质则是长期培养的。人的底子多深就能走多远，底子浅的主持人或者艺人，就只能在那里疯疯癫癫卖傻，因为有些东西扔给你你也干不了。"

辛凯谈到，刚入行时去采访，一天下来，很多人，包括前辈电视人在内，都觉得辛凯特别老道，既表现出真诚，还能够听得懂被采访人所说的内容，读懂他们的心境。然而很多人是听不懂读不懂的，更别提感同身受了。这就是所谓的"底子"，是检验一个人是否有见识，有人生阅历，甚至是否有正面、积极的人生观、世界观与价值观，是否能给观众传达高品质和高层次的愉悦的关键因素。

"无论什么节目，都是聊人，你聊技术其实没有什么意义，只有聊人，才会有意思。"辛凯如是说。无论对方是艺术大师，还是影视名流，只有对方感受到你的真诚和水准，才会敞开心扉。

与国内许多综艺节目喜欢互相抄袭的现状不同，辛凯很早就比较注意创新，希望制作一些不一样的节目，给观众一些不一样的启发。

"其实台里有专门的部门策划选题，也会搜集国外收视率高的节目形式进行研究。我也会自己去搜寻和选择。"

根据自身的长处和观众的口味、兴趣，辛凯带领团队制作了一档节目叫《六点不一样》。这是一档很有趣的节目，每期以一个话题为线索进行串联，邀请有关人物来做节目，聊他们的爱好兴趣或者有意思的人生体验。有电视节目评论家认为，《六点不一样》是国内真正意义上的第一档脱口秀节目。辛凯对此表示认可，他说："因为真正的脱口秀是不应该有台本的，而是依靠碰，依靠现场擦出的火花。"

这档节目播出的时间是每天晚间6点钟，因此命名为"六点不一样"。

辛凯说，这个团队是由他组建的。组成一个节目组并不是容易的事情，不仅需要选用某一专业领域比较优秀的电视人，还要考虑到综合效应，即团队合作的效率，实现一加一大于二。辛凯认为，一个节目组中，不一定每个人的能力都是台里最好的，才可以发挥出最好的作用。

辛凯比一般制片人更加宽容，他对下属的要求是，无论多么有个性，只要将交付的工作做好，就给予最大限度的自由。

据了解，《六点不一样》剧组中有一个成员个性比较突出，喜欢特立独行，曾与同事闹过不愉快。在电视台这样需要团结协作的机构工作，这样的性格让很多制片人都对他敬而远之。但是辛凯却能够让他融入到团队中来。辛凯相信，艺术天赋和技术水准是最重要的，即使某些人有一些个性上不合群的地方，也是瑕不掩瑜的。这种胸襟，并不是所有制片人都能够拥有。

作为一个节目组的灵魂人物，制片人必须正视成员的不同以及不足，不断调整工作思路和方式方法，才能提升工作效率，实现最佳的合作状态。

从 2009 年开始担任制片人，辛凯就不断调整自己，学会放权，学会管理，学会克制，成为一个合格的制片人。

正是这种用心经营，让脱口秀节目《六点不一样》剧组产生了奇妙的化学反应，每一个节目组成员发挥出了巨大的创造力，使得节目好看、精彩，收获了同行的赞誉。

"在录制节目的时候，连楼上的技术人员都聚精会神地看着，甚至在他们脸上时时浮现出情不自禁的笑容。"

辛凯对《六点不一样》的定位是，脱离台本，完全依靠嘉宾的现场反应来碰出火花。

"最初来参加节目的嘉宾基本上都是明星。每一期节目有一个有趣的话题，然后搜寻和这个话题有关系的人，邀请他们一起来参加谈话，了解不一样的生活和不一样的观点。"

有没有觉得这个节目有些面熟呢？是的，这让人想起后来的《康熙来了》。例如有一期节目的话题是：奇异宠物。为了制作这一期节目，节目组的工作人员在全国范围内搜寻拥有奇怪宠物的人，请他们带着不同寻常的宠物来棚里录节目。这一期节目定名为《他们都爱怪宠物》，来到节目组的怪宠物真的是无奇不有、稀奇古怪，例如"哥伦比亚红尾蚺（蛇）""宠物貂""鳄龟"等等。当那些养在深闺人未识的古怪宠物呈现在镜头前的时候，辛凯为活跃气氛，邀请嘉宾积极参与，他将一条冰冷的蛇颤颤巍巍提起来，还做出受到惊吓的表情，为观众营造紧张的气氛。后期制作时在屏幕上打出色彩活泼的文字和图形，这档节目收到很好的效果，至今在网络上仍有不少人观看。后来，《康熙来了》也推出了《康熙宠物诊疗室》栏目。

说起后期制作，恐怕很少有节目能够比谈话类节目更难。由于谈话类节目看点的随机性，要求后期制作水平必须高于一般的电视节目。不

仅要将未经制作的片子看到烂熟的程度，还要科学地剪切，配合适当的背景音乐和字幕。用辛凯的话说，就是需要有极其高超的后期制作水平。

而另一方面，作为制片人，辛凯从更加宏观的角度去策划和组织节目的制作面临两大问题：一是时间和精力，二是经费。

一方面，录制谈话节目是极其消耗时间和精力的，既要每一期节目都有看点，切合当下观众生活的真实层面，同时又需要有思想观点进行支撑。另一方面，该节目每天下午 6 点都要播出，为此节目组不得不将一个话题录制为两期，分为上下两个部分。而每一期节目背后，都是长达三个小时的录制。节目组只有大约四五个编导，以至于刚刚做完一期节目，就要急忙走进下一期节目的策划和录制的流程中，很难有一丝喘息的机会。

比如，《他们都爱怪宠物》节目连续录制了三四个小时，再经过复杂的后期制作，就被截成了两期，分两天播出。而在网络电视台播放该节目的时候，为了配合碎片化的信息传播，本来连贯的节目甚至被剪为了几分钟一段的微小视频。

经费的紧张也显而易见。辛凯说，业内都知道，台湾的王牌谈话类脱口秀节目《康熙来了》每一期的经费大约在 10 万元左右，而有时候为了能够邀请超级大腕做嘉宾，还会大幅度提高预算。"例如金城武的出场费就有 30 万之多。"辛凯说。

而内地的脱口秀类型的节目，都很难拿出这么多钱。没钱怎么办？节目组只好付出更多的脑筋，挖空心思策划出更有爆点的话题和搜寻更加有料的嘉宾。

"后来，我们还做过其他的话题，比如《高跟鞋美女》《剩男剩女开大会》等等。"

《六点不一样》的这些话题比较接地气，而且由于辛凯本人性格温和并体谅他人，使节目具有很强的人文关怀。

例如《剩男剩女开大会》这期节目，辛凯和嘉宾聊天过程中，避开社会歧视、偏见和固有思维，充分尊重他们，尊重他们的不同选择，从而透视社会热点，走进未婚大龄男女的精神世界，对消除社会偏见

和隔膜起到了积极的作用。在北欧，有一种非常流行的交流方式叫作"真人图书馆"，请读者来到临时搭设的图书馆里，阅读他人不同的精彩人生，消除人们互相认识和理解的壁垒。这种方式很快风靡世界，在中国也有许多地方开设了这样沟通的桥梁。而《六点不一样》就有真人图书馆的感觉。

《六点不一样》还关注民生问题，例如关于冬季养生的话题，主持人与养生专家探讨当季如何养生，给观众提供实用性、服务性的帮助。

辛凯说，他做这档节目，发挥了很大的创造力，也摆脱了固有的传统思维，给自己很大的自由度。

尽管《六点不一样》花费了辛凯很多心血和努力，但是却没有取得理想的收视率。

辛凯说，在国内做节目，取得理想的收视率是一件非常不确定的事情。"《六点不一样》播出的时间是在每天晚上6点钟，这个时间别的频道基本上都是在播放民生新闻。"

一档栏目能否获得高收视率，取决于多种因素，用中国传统的说法就是天时地利人和缺一不可。既有节目本身的质量和水准的原因，也有节目播出时间是否适合的原因，更有宣传是否到位的原因。

好的东西也需要大力宣传，需要平面媒体和网络媒体予以配合，甚至要动用专业的公关团队来营销。近几年来，综艺节目的宣传和营销最为成熟的，莫过于浙江卫视的《中国好声音》，不但席卷了整个神州，还为中国歌坛输送了一大批优秀的音乐新人，也给很多音乐"导师"提供了传承衣钵、寻找灵感的平台。无论那英、刘欢这样的音乐大哥大，还是齐秦、杨坤这样风格独特的常青树，都收获颇丰。《中国好声音》选择在周五晚间播出，这样可以充分利用周末人们休息放松的时间获取极高的收视率，也为下一周的节目造势提供一个有节律的周期——当追看节目的观众回到了让人心碎的周一，打开新闻门户网站或者是报刊杂志，看到遍布选秀学员和导师的第一手信息，于是观众都被囊括在了一个舆论的漩涡中，被牢牢地固定住，成为节目的忠实拥趸。随着节目播出的持续性，话题和激烈的赛程不断发酵，给了选秀节目持续生长发力的空间和时间，漩涡越来越大，吸引越来越多的人，一时间，全国遍布"好声音"，街头巷议都是"好声音"。类似的节目还有很多，它们都需要依靠相关电视台的缜密策划。

这就是新型娱乐节目巩固阵地和扩大影响的最基本的运作方式。

但是反观辛凯和他的《六点不一样》，却会发现，这档谈话类的综艺节目，似乎和时代的流行款有些背离。

首先在节目的内容上。《六点不一样》是谈话类节目，辛凯说，对比中国台湾谈话节目的流行和火爆，内地似乎一直没有出现过特别红火的谈话类综艺节目。"我觉得其实内地人还是比较内敛，大多数人并不觉得聊天是一件特别好玩的事儿。"《康熙来了》能够越办越好，和台湾民众喜欢聊天，能够理解聊天乐趣有关系。由于文化和性格上的差异，《六点不一样》虽然力求做到话题和形式的新颖，但似乎走得太超前了，观众没有跟上。聊天节目与综艺类节目的差别很类似于相声与小品，前者完全靠嘴皮子的功夫，很难运用肢体语言，更别提其他复杂的声光电设备和后现代的表达手法。

另外，辛凯觉得最重要的问题还是在于节目的宣传和播出时间。《六点不一样》制作成本是非常有限的，像《中国好声音》那样在全国范围内推广和宣传是做不到的。在晚间 6 点钟，观众大多正在做晚饭，即使有人此时打开电视机，也大多收看民生新闻节目，关注柴米油盐。让一档谈话节目和民生节目 PK，显然在起跑线上就输了。

虽然节目并没有取得高收视率，但是辛凯无怨无悔，因为他认为，收视率固然是第一位衡量因素，但它只是衡量短时间内得失成败的指标，作为制片人，更为重要的事情在于，有没有从中获得经验，或者说，有没有在团队合作中积累资源、享受过程。"直到现在，播放过去的片子，同事们仍然觉得很有趣，我认为这就够了。"

实际上不仅同事们有这种感觉，许多观众通过网络再度收看这档节目，也被节目深深吸引。这也许就是辛凯所说的："当时我们走得太靠前了，以至于后面的观众并没有很顺利地跟上来。"

其实这档栏目的铁杆粉丝并不少见。在《六点不一样》播出时，观

众"云彩里的眼睛"就曾经在论坛上留言说，《六点不一样》是自己一直追看的节目，不仅喜欢节目的形式，还非常喜欢辛凯的主持风格。

"云彩里的眼睛"说："其实我觉得话题节目，最重要的就是有一个一直掌控着节奏的主持人。比如《实话实说》里的崔永元，还有《康熙来了》的蔡康永。无论小S怎么疯，康永哥永远能够把话题再撤回来，这就是对于节目节奏的操控了。""云彩里的眼睛"认为辛凯在节目中就起到了这样的作用。"有时候嘉宾会因为一个话题而产生争执。拿那期剩男剩女的节目作为例子来说，社会上对剩男剩女的认识五花八门、褒贬不一，人们的婚恋选择也越来越多样化。在这样的前提下，嘉宾常常就一个话题纠缠不休，每逢此时，辛凯就牢牢控制着整个节目的节奏感，在非常合适的时间点上作结，这样火花就擦出来了，大家也没有因为观点不一样而吵太久，节目就变得比较好看。"

作为制片人，辛凯通过制作《六点不一样》获得了宝贵的经验。他认为，一个优秀的制片人并不一定是那些能够做出最优秀节目的人，有时候恰恰相反，越是能够对市场做出妥协，适当调整艺术与大众接受度之间的关系的制片人，才能够既赢得市场又赢得时间的检验。

一方面做到不媚俗，另一方面又要照顾观众的口味，这中间的火候是非常难掌握的。这就类似于带着镣铐跳舞的舞者，永远需要有节律地控制着自己。

《六点不一样》持续播出期间，辛凯又陆陆续续制作了许多别的节目。

"后来又做了《挑战影视王》，那个时间是我人生中最累的一段时间，做得真的好辛苦，做得我心力交瘁，心累。"辛凯回忆。

与《六点不一样》不同的是，《挑战影视王》是一档用大型相亲节目《非诚勿扰》的方式制作的真人选秀节目。

在《挑战影视王》的舞台上，选手可以展示包括唱歌、跳舞、绝活等各个方面的才华。参赛选手通过展示自我获得知名度，成为平民偶像的同时，还有可能赢得众多幸运大奖和总计20万元的包装基金。每一季活动的优秀选手，还有机会签约山东电视台影视频道，参加为其量身

打造的《草根剧场》的拍摄，并有机会参演即将推出的大型电视剧《风雨南洋》的拍摄，走上影视之路。

在这档热闹的节目背后，是非常疲惫的制作团队，其中就有在制片人和主持人岗位上辛勤劳作了几年的辛凯。

"那时候我是身体和心都很累。那个时候是用《非诚勿扰》的形式做的选秀。"辛凯说，《挑战影视王》策划播出时，正是《非诚勿扰》在娱乐节目中独领风骚的时刻。

《非诚勿扰》是江苏卫视制作的一档生活服务类节目，由孟非担任主持，于 2010 年 1 月 15 日首播，每个周六、周日 21：10 播出。节目中有 24 位单身女生以亮灯和灭灯方式来决定报名男嘉宾的去留，通过"爱之初体验""爱之再判断""爱之终决选""男生权利"等规则，后又增加"爆灯"环节和"动心女生"设置，来决定男女嘉宾是否相互满意。虽然以民生服务的角度来制作节目，也就是说是帮助适龄男女找对象的，但是由于嘉宾中不少是所谓"综艺咖"小明星，且长期占据着女嘉宾的席位，还不时有人传出各种绯闻逸事，所以《非诚勿扰》其实带有很强的娱乐节目的性质。另外，富有戏剧性的相亲场面和现场男女传达他们的爱情体验，包括一见钟情、不打不相识等等情节，让节目具有了很强的真人秀性质。

这些特性让《非诚勿扰》获得了空前的成功，捧红了包括节目主持人孟非在内的一大批综艺节目制作人和嘉宾。

在国内目前的娱乐电视节目制作生态下，最常出现的就是一窝蜂现象，模仿《非诚勿扰》的相亲节目如雨后春笋般纷纷冒了出来。再如《中国好声音》爆红之后，出现了一大批似乎是从《中国好声音》复制粘贴过来的节目。虽然《中国好声音》给观众带来了愉悦和享受，但这些一窝蜂的复制品，让中国电视观众产生审美疲劳，于是干脆关掉电视机。

《挑战影视王》显然不想复制任何综艺节目，希望能做点不同的事情。"那我们可以用亮灯的方式，来做一个选秀类节目。"这个点子一经提出，就获得了电视台同仁和领导的支持。亮灯的方式简单直观，能够反映出评委对选秀参与者的评价。

于是，《挑战影视王》就这样问世了。一方面这档节目借鉴了《非诚勿扰》简单直观的特点，另一方面又立足于草根人群进行选秀，与精细包装的《中国好声音》等节目区别开来，走一条亲和路线，同时配合电视台已有资源，进行一场全民围观下的"星梦制造"。这档栏目收获了好评。

第三章
与大腕面对面

11 北上光线传媒

辛凯说，从事主持人工作这么多年，尤其是在一个省级的上星卫视工作，他学到了很多经验。他认为，在中国做主持人，最重要的是平台，平台影响力大就会有更出色的表现。

刘同，网络上深受年轻人推崇的职场达人，身上的标签有：光线传媒副总裁，青年作家。刘同最为著名的是他将自己十年职场奋斗经历用时下年轻人能够接受的表达方式，书写成心灵励志读本《谁的青春不迷茫》。该书销量高达 100 万册以上，并且持续畅销着，堪称经典。

刘同对传媒的很多观点，对娱乐圈的很多见解，也被人追捧。

在 2013 年中国作家富豪榜上，刘同赫然在列。凭借一部《谁的青春不迷茫》，刘同成为了富豪榜上的黑马。他表面腼腆羞涩，却已经在圈中有了很稳定的"江湖"地位。他的微博账号有 1400 多万粉丝，许多年轻人以刘同的"心灵鸡汤"为精神食粮。

在 2012 年，刘同的一条微博，引起了人们特别是媒体人的注意。这条微博中透露了这样一个消息：山东台著名主持人辛凯，将加盟光线传媒旗下的王牌节目《娱乐现场》。

刘同在微博中这样写道："我们常常评论已经发生的新闻，但我们希望，我们做出的评论能成为新闻。'2012 升级版娱乐现场'，李冰冰出任代言人，并进行今日新闻编排。主播辛凯成为节目 13 年来首位型男主播……最幸福的传媒人并不是拥有一个永远最好的节目，而是我们一起可以把一切变好。"

光线传媒这档历史最早、拥趸最为忠诚的王牌栏目《娱乐现场》全新升级，引起了很多人的关注。有报道称："光线传媒旗下王牌节目，也是中国内地首档娱乐资讯节目《娱乐现场》改版发布会在北京举行。《娱乐现场》已开播 13 年，是中国最早的也是历时最长、发行渠道最广的娱乐资讯节目。新版《娱乐现场》的改变决心从其请来的代言人就可见一斑，这个代言人是已经很久不演电视剧的影后李冰冰，这也是她首度代言电视节目。同时新版《娱乐现场》还邀请胡兵加盟，担任特约主播。"

除了全新代言人，新版的《娱乐现场》还发布了两个"全新"：百万重金打造了全新的演播室，将明星化妆间与演播间融为一体；全新的主播阵容，新添了第一位男主播辛凯及女主播方龄，辛凯将与方龄合作主持一档日常节目。

山东台的主持人辛凯，将成为光线传媒王牌栏目《娱乐现场》的主播。很多辛凯的粉丝，特别是山东本土的铁杆粉丝，对辛凯北上光线传媒给出了许多问号。例如一直关注着辛凯的粉丝"云彩"就在微博中表示，辛凯作为生于斯长于斯的山东主持人，备受关注。辛凯离开山东卫视还回来吗？培养一个优秀的主持人需要那么长时间，辛凯的离开是整个卫视的损失。一时间各种议论纷至沓来。

其实，辛凯并非调离山东台，而是作为主播去《娱乐现场》助阵。这当然需要山东卫视领导批准。

关于如何说服领导，给他一个机会，得到去《娱乐现场》学习和工作的"通行证"，这个问题辛凯没有多谈，他只是谈到作为下属应该如何对待领导的问题。

"领导能够从普通员工走上领导岗位，都是不简单的。所以你在想什么，基本上领导都是能看明白的。所以，与其去掩饰，不如一切都向领导真诚地、诚实地表达。"

这是辛凯多年来的一点职场经验。相对于那些教导年轻人如何与领导玩心术、耍心机的职场教科书，辛凯给出了完全不同的意见。他认为对领导讲实话才是最好的沟通方式。每个人都有自己的发展规划，而一位好的领导会从下属的角度想问题，甚至还能够为下属出谋划策，有意

　　培养下属，提高下属的知名度。当然，这样做也会提升本单位的人气。

　　就这样，在领导的许可下，辛凯踏上了北上北京的新旅程。

　　北京是中国重要的文化中心，各种文化名流云集于此。国外知名人士，如奥斯卡影帝、世界级设计大师、如日中天的大明星，只要来到中国，多数人都会到北京看看。这里还聚集着中国最文艺的年轻人，希望借助北京广大的平台实现梦想。

　　在这样一座城市，辛凯参与录制了《娱乐现场》。与山东台综艺节目不同，《娱乐现场》历时13年，受众更为广泛，是娱乐新闻类节目中具有相当影响力的节目。

　　1999年，中国内地第一档娱乐资讯节目《娱乐现场》诞生，不但标志着内地娱乐产业的开始，更将中国娱乐资讯全面带入到日播时代。中国电视观众通过电视荧屏逐渐了解了明星的生活状态，了解了电影、电视剧等娱乐产品的制作过程，逐渐拥有了娱乐的概念。此后十年间，光线传媒旗下王牌节目《娱乐现场》成为内地首家在香港设立记者站的娱乐节目，并在亚洲范围内设立了多个记者站，开创了四地联动的报道形式，使内地观众能够在第一时间了解到全球华语娱乐界的最新资讯。光线传媒《娱乐现场》用 158 个电视频道播出，覆盖全国所有地区，成为华语娱乐圈中最具盛名的娱乐节目。

辛凯主播《娱乐现场》之后，许多城市的户外移动电视都会重复循环播放该节目。节目中，辛凯以主播的视角为观众放送最热门的片场活动、最新的娱乐动向，节目的制作过程带有很强的思想倾向性，这也就是刘同所谓的让一档栏目变得更好的题中之义。

更多的人借助户外移动媒体，看到辛凯自如、标准又稳重、大方的播报。观众王静就曾经这样回忆：那段时间，公交车上的电视里经常会出现辛凯的播报，回家在网络上搜新闻，才知道山东台的辛凯去了光线传媒。"其实心里挺开心的，觉得终于有一个山东本土的主持人成为全国观众都能熟知的主播。汪涵、何炅、华少等很多立足于地方台的主持人，都是举国皆知的，一点也不亚于中央电视台主持人的名气。我觉得辛凯在《娱乐现场》做主播，还是挺给山东人提气的。"

① 大牌明星更放得开

辛凯说，在北京播报《娱乐现场》的那段时间，自己比较忙碌，并且是很机械地忙碌。

与之前做主持人兼制片人不同，辛凯在北京是专业主播，很多精力要放在化妆、外形等细节上。其实这个工作辛凯不陌生，早在做《音乐星河》和《音乐风》时期，辛凯就是这样一人在镜头前做主播了。

但与山东卫视的制作方式不同，《娱乐现场》的制作过程是相当烦琐的。辛凯回忆说："因为这档栏目是时讯类的，天天录，一直在录。每天9点左右才开始工作，下午2点左右到公司，化妆、顺稿子。我每个周都要回来，白天录节目，晚上回来。"

辛凯做了一段时间的《娱乐现场》主播后，忽然觉得，这档栏目虽然辐射的范围更加广泛，能够让更多的观众看到自己，但是实际上自己多年在主持人和制片人行当中积攒的经验并未充分发挥出来。

或者这样说，辛凯更擅长的领域是访谈，但他的机会并不多。

所以辛凯调侃说，虽然去北京工作了一段

我好怀念这副被我一屁股坐断的墨镜

时间，但"最好的青春都给了山东卫视了"。

在播放了一段时间的《娱乐现场》之后，辛凯对刘同说，不想做了，希望寻找另一段旅程。

但在北京的这段时间，辛凯仍然收获了很多，特别是由于北京特殊的文化地缘，做主播和访谈的感受与之前的经验完全不同。

"在北京因为明星很多，明星和媒体接触的机会也很多，所以很多明星就更放得开，不像来到地方台的时候那么端着。甚至很多明星和媒体人都是经常见面的好朋友关系了。"

"在山东做节目，还是相对四平八稳的。但是在北京做节目，基本上和平面媒体的要求差不多，就是需要有爆点去吸引人们的眼球。"

辛凯说，在北京录制节目，无论与多么大牌的明星谈话，总是要问一些"更戳他的问题"，因为这样才能激发出火花，才能踩到观众期待的那个点上。对这样比较尖锐的问题，有的明星会化刀锋于无形，确实是千锤百炼的结果。当然，也有的明星并不豁达，遇到这类提问会非常着急恼火。辛凯就遇到过特别难搞的大牌。

辛凯说，自己是山东卫视的主持人，在北京的大牌明星对自己了解不多，遇到一些内心相对孤傲的明星就很难沟通。有一次，一位时下刚刚走红的明星和另一位世界级华人影帝，为了宣传新片接受辛凯的访问。他们比世界级影帝的架子还大。录制之前，有工作人员战战兢兢地提醒辛凯："千万不要问到……问题，如果他（指大牌明星）生气，那么后期的宣传他就不会跟进了。"

辛凯说，那场访谈下来，自己整个人都出了一身汗，拿下确实不容易。

有看过那一期节目的观众回忆说，一开始大牌明星很沉默，表情凝重，但是由于辛凯的真诚和对影片更深层的认知与开掘，最后还是顺利地让耍大牌的明星开口了，并且渐渐聊了很多。

辛凯认为这些好玩的经历，都是在地方卫视不太容易得到的。

录制《妈咪 Go》时现场制作创意料理，小朋友吃了以后吐了，因为无盐、无糖、无油，实在难以下咽。

⑫ 更喜欢汤唯、郭采洁
这种潇洒利落的女明星

在北京，辛凯采访了一些明星和艺人，其中有时下走红的明星，还有两位后来成为奥斯卡影帝的明星。

按照影视作品或唱片的宣传策划，当一部影视作品或唱片马上要播放或投入市场的时候，制作方会带领明星参加各种娱乐节目，通过和粉丝的接触以及媒体的宣传，使受众获得对影片或唱片的了解，从而扩大知名度和影响力，以获取最大的社会效益和经济效益。港台称这种参加节目的形式为"上通告"。

于是，那些或大或小的明星从神坛上走到演播厅里，接受辛凯的采访。辛凯也通过对明星的采访，与明星建立起更加亲近的关系。

在众多女明星之中，辛凯最喜欢的是汤唯和郭采洁。他说作为他个人来说，更喜欢利落潇洒的女生，而汤唯和郭采洁都属于这个类型。

那时候，他们还没在一起

辛凯说，汤唯是一个非常容易亲近的人，林志玲给他的印象也是这样。在采访汤唯的过程中，汤唯甚至善意地打断辛凯，问他"是否需要擦一下汗"。郭采洁参加电影《小时代》的宣传时，辛凯向她讲述了自己对于《小时代》的一点看法。他是经过认真思考的，其真诚得到了郭采洁的真心感谢。而同样认可辛凯的还有大美女范冰冰，她是为电影《二次曝光》做宣传而走进演播室的。辛凯觉得无论对范冰冰其他影片如何评价，她在该片中的表演确实可圈可点。

采访众多明星让辛凯获益匪浅。辛凯总结说，在北京的经历让他忽然对主持人这个角色有了全新的认识，"北京的艺人都处于繁忙之中，你要抱有一颗松弛的心。我总结出的结论是：做主持人不要太周全，恰恰相反，一定要有个性"。这种"有个性"，就是说不要总刷一张"二货"的脸，或者总端着，而是真正拥有自己的思想和观点。

"如果撒开玩，我也可以，但那不是真正的个性。"

⓭ 减肥达人

辛凯在演艺圈和媒体界最令人称道的，还有他一直保持着的好身材。

辛凯认为，一个面对镜头的人，无论本身的条件如何，一定要用自己最好的形象示人，才对得起观众。"这是一个艺人的职业道德"。

辛凯说，多年闯荡江湖，他也阅人无数，发现有许多艺人在台前严谨认真，但是在台后的私生活却比较懈怠，高压的生活让他们放弃了对生活细节的要求和选择。

"比如半夜去夜店，喝得烂醉如泥，第二天怎么会有好气色面对观众？我觉得这样的艺人是不够合格的。"

也许是由于出身军人家庭，也许是由于一直学习乐器，辛凯对自己的生活细节要求很多，特别是身材，他非常注意。如果走进他的生活，会发现他对饮食和运动都要求很严格。

"身材能保持下来是很吃苦的，因为如果几天不锻炼身材就会走样，所以保持身材需要很强的自制力。"

辛凯说，自己一直在控制自己的饮食。比如2014年春节后他录制了一档节目，在审片子的时候，他发现自己形象有些变化，知道自己在春节期间吃多了，于是就开始在家里吃"健康餐"。

辛凯所谓的"健康餐"的做法是这样的：麦片、猕猴桃、香蕉、苹果混合起来，加一点酸奶，用料理机打成一杯奶昔，喝掉，就算是一顿"健康餐"。除此之外，再不吃别的东西。

在电影《诺丁山》中，茱莉亚·罗伯茨扮演的女明星安娜·斯科

特说过一句让人心惊胆战的话，那就是："为了保持身材，我已经20年没有吃过一顿饱饭。"

是的，娱乐圈是一个竞争激烈的环境。一个面对镜头的人，需要比在正常肉眼观察下更瘦一点，才能不至于在镜头面前看起来臃肿。坚持锻炼、节制饮食需要坚强的毅力，只有意志更坚强的艺人和明星才能坚持下来。

虽然常年保持着标准的身材，但是辛凯还是认为自己在这个圈子里不属于最努力的。"我和他们比起来差得远。"辛凯说。

有一次，辛凯和一个名模吃饭，名模带了一个想踏进演艺圈的女孩一起来，女孩吃了几口就不再吃了。名模也是如此。"黄晓明拍摄《精忠岳飞》的时候，带着另一名男艺人参加一个聚餐小活动。两个帅哥面

对一桌子丰盛的饭菜竟一口未动，只默默地拿出了一个饭盒来，饭盒里的鸡肉是水煮的，除此之外只有一些蔬菜、水果。"

"我认为一个艺人注重身材，这不是臭美，这是敬业。"辛凯说，"你做的这个行业就是依靠形象的，我觉得很放纵就非常不好。"

辛凯说，其实做电视这一行的人都非常爱美食，因为吃美食能够很好地帮助减压。但是，任何事情都是没有付出就没有收获。能够保持好身材，坚持运动，用更加健康的姿态站在镜头前，这是一个优秀主持人应该做到的。

⑭ 做演员，转型之路在前方

在北京短暂的工作结束之后，辛凯回到了山东卫视的怀抱。

这并不意味着他回到了原点，相反，他为自己寻找到更多的机会和人生的可能性。

最近，辛凯把一部分精力放在了表演上。他说有才能的演员不受年龄限制，越老越值钱，因为年龄大就有更多的人生积淀，才能够更好地驾驭角色。

辛凯正在努力从一个全能型主持人向更倾向于表演的艺人转型。

2014 年无疑是值得辛凯铭记的一年，因为辛凯第一次作为演员，迈出了转型的第一步。这一年，根据著名作家路遥同名小说改编的大型电视连续剧《平凡的世界》在陕西拍摄。这部剧由著名导演毛卫宁执导，除汇集王雷、佟丽娅、袁弘、李小萌、刘威、尤勇、吕一等众多大牌明星外，导演大胆启用新人。其中，主持人出身的辛凯在剧中扮演刘根民一角，头一次拍戏，便得到导演的赞赏。

主持优则演，是许多主持人的另外一条道路，只是能够成功的却并不多。

《平凡的世界》片场与刘威老师合影

得知路遥名著《平凡的世界》筹备开拍后，辛凯向导演毛卫宁大胆毛遂自荐，主动撰写人物小传，钻研角色。出色的理解力，让导演毛卫宁决定启用辛凯这个新人。

在接受记者采访时，说起做演员的原因，辛凯打趣道："做了这么多年主持，我想挑战一下自己。而且我有个梦想，就是把我采访过的女神比如汤唯、范冰冰、林志玲、郭采洁、佟丽娅等都合作一遍。特别幸运的是第一部戏就遇上了佟丽娅。"在主持圈奋战多年，辛凯一直是举着话筒采访这些女神的主持人、记者，但是作为演员，他终于有机会以配戏的方式，和她们在另一种身份和工作环境下"平视"。

尽管在《平凡的世界》中辛凯和"女神"佟丽娅的戏份不多，但因为之前在

《平凡的世界》片场与主演王雷合影

电视采访中有过很好的交流，两人在片场很快熟络起来，搭戏走戏也相当默契。

而对于在剧组的生活，辛凯回忆起来也觉得非常有趣，与做主持人或者制片人的经验完全不同。在片场，他还展示了自己的厨艺，为剧组的演员和工作人员亲自下厨做饭。

"在剧组真的很好玩。"辛凯说。

开放的心态是艺人能够发挥出优秀水平的一个重要前提，而另外的必要条件则是专注。尽管戏份不算太多，但为了演好这个角色，辛凯推掉了台里的好几档节目，进组前两个月就开始专心研究剧本和角色，学习陕北方言。

在电视剧《平凡的世界》中，辛凯饰演公社干部刘根民，是王雷和佟丽娅的中学同学，其为人正直朴实，在王雷饰演的少安几次陷于

电视剧《平凡的世界》饰演刘根民

《平凡的世界》剧照

电视剧《殊死七日》 饰演吉野弘幸

《殊死七日》剧照

危难之时都出手相助，是一个非常正面的角色。作为出色的电视人，辛凯不怕记台词，这让他表演起来能够驾轻就熟。在闲暇时分，辛凯就在片场虚心向剧组的每一位专业演员请教，特别是老戏骨刘威和尤勇。在角色的拿捏，机位的角度，辛凯学习着如何让自己的表演更加专业。

实践出真知。辛凯说："我和王雷的对手戏比较多，他是人艺出来的演员，戏特别好，跟他演对手戏对我提高不少。"

《平凡的世界》的导演毛卫宁对辛凯的表演表示肯定，认为他作为新人，已经出色地完成了表演，"辛凯表现非常好，人很聪明，一点就透，是个可造之材！"

在《平凡的世界》之后，辛凯又接下了另一部电视剧：以抗日战争为题材的《殊死七日》。

"这是一部动作元素丰富的电视剧，所以特别受到观众的喜爱。"

这部剧于 2015 年 7 月 3 日在湖南经视播出，出乎意料的是获得了收视第一的好成绩，其中在长沙地区的平均收视率超过了 10%。

但是这部剧的拍摄过程却有些辛苦，许多演员都有了受伤的经历，辛凯也在进组之后，受了轻伤，脚部的韧带受损。

"这部电视剧在山上拍摄，还要背着很多装备，所以很辛苦。"虽然辛苦，但这也是表演的乐趣所在。

谈到接下来的表演计划，辛凯显得比较恬淡，没有什么强求之心。"如果说适合的话，我想我比较适合年代剧，因为长得有怀旧的气质。"

在陕北黄土高原拍摄电视剧《平凡的世界》，片场休息时拍摄，天高地阔，云淡风轻

⑬　主持人生涯的新挑战：《名嘴 K 歌王》

哭了，罪魁祸首：董妹唱的《天之大》

　　2015 年夏天开始，辛凯主持了山东影视频道一档全新的娱乐节目：《名嘴 K 歌王》。

　　2015 年春夏之交的时候，《名嘴 K 歌王》的制片人找到了辛凯，请他帮忙推荐一下唱歌比较好的主持人，并询问他对主持这档由主持人参加的音乐选秀节目是否有兴趣。

　　于是，作为资深音乐节目的主持人，辛凯顺理成章地成为了这档栏

目的主持，并且推荐了几位在主持节目之外，拥有歌唱技能的主持人。

在当下真人秀和选秀类节目盛行的年代，没有任何一家电视台会绕开这个收视率高地。而成功的节目，往往是在节目设置安排上取胜。例如《中国好声音》或者《我是歌手》，都是音乐真人选秀节目，前者给音乐新人提供成名的舞台，而后者则是直接让资深的歌手现场 PK。

《名嘴 K 歌王》化妆间自拍，演皇帝很帅

《名嘴 K 歌王》就是在这类音乐真人秀和选秀节目的基础上进行设置的一档全新的综艺节目。让主持人在现场比拼唱歌技能，同时贯穿才艺表演，不时有外围的其他名嘴来进行踢馆，可以说是环环紧扣，竞争激烈。

"较之于一般成名的歌手，观众对主持人歌唱水平的要求可能就没有那么高，但是围绕歌曲主题的相关的讨论和延伸就会让这个场子比较热。"

此外，相对于一般的音乐综艺节目，《名嘴 K 歌王》这档栏目还增添了慈善的环节，使节目具有了一定的综艺性。在节目中，主持人要与家庭穷困的孩子结对子，主持人还会去孩子们的家里，了解孩子们的情况，给他们送去温暖和力所能及的帮助。

本来制片人是有意让辛凯也参与到竞赛的环节的，因为他本身的专业就是音乐，对流行音乐的认识也不是一般的"名嘴"能够比拟的。

但是，辛凯从骨子里是一个不太喜欢与人争的人，而且他认为一档栏目中，能够做好主持人的角色已经非常不容易了，"专注"，对于主持人来说是非常重要的。

辛凯说："我开始时以为自己想当歌手，也做主持，但是后来觉得自己不是很想参加比赛了。因为投入做好一件事已经很不容易了，唱歌不必一定要以选手的身份，唱歌可以更自由。"虽然没有亲自参加，但是他推荐了歌唱得很好的主持人参加了这档栏目，而且期间还和其他主持人合唱了歌曲，也算是过了一把当歌手的瘾。

配上帽子就齐活儿了

这档栏目一直录制了几个月，直到 2015 年 8 月初才结束。不少山东卫视的观众都见证了这档栏目从无人问津到紧俏一时的过程。辛凯这样回忆："这个节目在头两期录制的时候，观众也不知道有这么一个节目，知名度比较小。就连观看这档栏目的现场观众都不是很好找，一场下来，观众 300 个人都填不满。但是不久之后根本就弄不到票，好多观众主动参加现场观看，票竟然很抢手。录这个节目需要四个小时，观众都没有人离场。

对于如何在选秀类的真人秀音乐节目中脱颖而出，辛凯有这样的认识："选歌有时候比唱歌更重要，特别是如果成绩需要观众投票决定的话，那么歌手选的歌曲不能太高冷，但是又不能太接地气，所以拿捏分寸特别重

《名嘴K歌王》现场主持

要。毕竟，歌手所选的歌需要感动观众，如果完全没听过或者风格太冷门的话，就不能够感动大多数听众。"

《名嘴K歌王》现场，还得被逼跳舞，主持人容易吗？

⑯ 认真学英语：打开另外的一扇窗

　　问起辛凯目前在忙什么，他说："我现在忙着享受我自己的生活，我在学英语。"

　　辛凯说，自己目前选择的英语课程是"free talk"的类型，类似于英语角，就是邀请外籍教师进行话题聊天，这种方式能比较迅速地提高口语水平和词汇量。

　　为什么学英语？辛凯说："因为我一直很享受学习的过程，前一段时间在泰国呆了一个星期，一直在讲英语，后来回来的时候就想趁着这个热度学习。"

　　除了放松，辛凯也有工作上的诉求。随着中国经济的不断发展，主持人需要用到英语的机会也在增加。

　　"我是在

曼谷商场，与超人比帅

瑞士·哈尔施塔特小镇

想，如果我的英语更好一些的话，可以接更多与英文有关的工作，因为我之前采访过基努里维斯和阿德里安布劳迪，当时觉得英文明显不够用。如果现在天天练习英语的话，会进步很快的。"辛凯说，"在北京还是有很多首映礼的活动，需要主持人的英语水平更高。北京很多活动都需要双语。"

学英语和健身一样，坚持下来是最重要的。相信常年保持着好身材的辛凯，也一定能坚持把英语学好。期待他给喜欢他的观众带来更多的惊喜，在事业上不断开拓新的天地。

附一
辛凯心语

（主要摘自辛凯的博客）
博客地址：http://blog.sina.com.cn/chris1204

懂 , 不懂 (2010-08-05 23:04:20)

我小时候很傻呵呵
爱望着星空
然后总想着会有神仙把我接走
因为那时候觉得自己是传说中的谪仙
李白大诗人被称为谪仙
后来我发现我也喜欢写诗而且是古体诗
高兴了还填词：《一剪梅》《踏莎行》《浣溪沙》诸如此类
前排座位女生也爱这个顺便也爱上了我
那年我们初三下午
她转身递给我一张折好的信纸
上面印着花瓣所谓花笺
那是首《如梦令》
中间的字句我看得出读得懂
下了晚自习她沉默相随
那是个春风微醺的夜晚
我挺正经地对她说要考试了
我们要好好准备之类
当时很想抽自己
不知道哪里翻出来的一本正经侠客脸道貌岸然君子脸
女同学伤心
从此不与我讲话如陌路
后来考前最后一次到学校
又是一张花笺
不知道何时夹在我书里
又是一首词

忘了词牌是什么
说的是人生无常感怀离情别绪

怀念那个风花雪月的年代
那种情怀永远不能再回来
读书走神上课乱写成绩还能混得不错
真是逍遥得很
还是会看星空
把那些字句对天空默默心里诵读
总觉得有人听得到
总觉得有人在天上看着我
所以从小就知道去祈祷
但不知道对的是谁

随《假日旅游》栏目"大咖伴你行"游览曼谷大皇宫

奥地利·梅尔克修道院

只是望天对那个我想象出来的人

高中有同样的一位女生
我喜欢她的文字
从而倾慕她的人
去过她家
她是个内心很丰富的人
情感纯粹得如同清水如同烈火
要么冲口而出
要么沉静透彻
她的家庭也有很多故事
她说自己心中也有很多煎熬
那时候她就说想学心理学
多年后她从国外学成归来
终于如愿以偿
近期换成她在安慰我妈妈
走之前她还给我传音乐

说可以多听给妈妈增加能量
生命中懂我的人她算一个

我跟她说过关于看天空的故事
她没有嘲笑只说可能是真的

读大学到后来毕业有份感情很纠结
那个人在遥远的地方
有天 MSN 上她说想听我唱歌
要我录了发过去

就在前几天给节目配音之后顺便就录了一首《好久不见》
就一遍声音抖了也落泪了
因为好久不见想到妈妈
熟悉的街道熟悉的照片熟悉的家

奥地利·萨尔茨堡·月亮湖

发过去那边唏嘘不已
生命中懂我的人她也算一个
她知道我们都会鄙视什么珍视什么
她知道我们都还保有一颗已经蒙尘但是还能擦拭晶莹的心

我们都会化成天空中的一颗星
我们都会渴望被懂被了解
当我望着那颗星的时候
或者它也希望被我了解被我欣赏吧
谢谢你们
懂我的人
谢谢你们
让我也读懂了你

等等等等（在 4S 店 等待中）(2010-08-04 16:17:32)

很多事情都需要等待
等天亮等天黑
等下班等假期
等爱人出现
等忘记失恋
等伤口复原
等诺言兑现

德国·新天鹅堡

等花开等叶落

等一夜暴雨残红满地

等艳阳高照泪化成空气

等他啼哭着来到世界

等我历尽沧桑与你再也不离不弃

等一句开口的告白

等一次决绝的离开

等我忘了时间 等我忘了自己

等你的手在我的手中不再温暖

等你的背影在我心中越来越远

等夜越来越深你在我心中越来越沉

等思念生根等悲伤化尘

瑞士·少女峰

等爱不再后悔等爱莫失莫忘
等候鸟带来你的消息
等风声传来你的呼吸
等天空映出你的双眼
等我想你想得露出笑颜

附二
辛凯小档案

辛凯小档案

姓名：辛凯

英文名：Michael

身高：181CM

体重：73KG

籍贯：山东日照

星座：射手座

家庭成员：父亲　妹妹

学历：大学本科

博客：辛凯 1204

掌握的语言：中文　英文

到过的国家：德国　奥地利　瑞士　法国　韩国　日本　泰国　柬埔寨

喜欢做的事：看电影　看书　在家宅

喜爱的运动：健身房玩铁

最难忘的经历：大雨中万人演唱会当众摔得仰面朝天

最高兴的事：健康地活着

擅长的乐器：琵琶　钢琴

喜欢的女歌手：没有，主要看作品。

喜欢的男歌手：同上

喜欢的女演员：Nicole Kidman

喜欢的男演员：Tom Hanks

最喜欢的电影：《阿甘正传》《星际穿越》

最喜欢的书籍：太多了

最喜欢的漫画：《圣斗士星矢》

最喜欢的城市：没有，倒是有最不喜欢的，但不能说。

得过的奖项：太多，不提了

喜爱的衣着：休闲　运动

喜爱的食物：饺子

喜爱的饮品：美式咖啡

最喜欢的颜色：黑　白　蓝

主持栏目：山东卫视《首映礼》《明星面对面》《赢在梦想》

曾主持栏目：光线《娱乐现场》 土豆网《土豆最 live》《音乐千千结》

　　　　　　《综艺满天星》

影视作品：电影《U 盘》 电视剧《平凡的世界》 电视剧《殊死七日》

主持节目及活动：电视剧《红高粱》首映礼

　　　　　　　　电视剧《老农民》首映礼

　　　　　　　　电视剧《大刀记》首映礼

　　　　　　　　电视剧《二叔》首映礼

　　　　　　　　电视剧《精忠岳飞》首映大典

　　　　　　　　电视剧《樱桃红》首映礼

　　　　　　　　电视剧《隋唐演义》首映大典

　　　　　　　　电视剧《新水浒》首映礼

附 三
采访札记

嘈杂世界里的一缕安静

——《辛凯聊平凡》采访札记

你有没有一个特别喜欢的主持人？尤其是随着年龄的增长，你对很多事情的看法都与最初有了差别，而这个主持人依旧活跃在电视荧幕上，一转身被你看到，却仍然让人为那种不浮夸、不矫饰、不做作的主持风格感到安慰？

作为娱乐圈的一部分，即使是主持界，这样的存在也很少吧！连中央电视台的主持人都一个个地离职了，有的去创业，有的去教书，而永远对着镜头的主持人，更需要耐得住寂寞。

因此，我想你很难有一个始终关注着的、多年不厌倦的主持人仍然在播送现场。然而，我有。

自从上大学后就已经不太看电视，所以每次打开电视都会察觉电视节目风格的变化，仿佛一个隔很久才能见一次孩子的家长，每见一次，发现他又长高了一头。但多年来，在家里看电视时，只要出现辛凯主持的节目，我总是下意识地多看一会儿。干净俊朗的外表，和煦细腻的主持风格，竟然没变。辛凯的主持风格还是这样和善、细腻、简洁且平实。

2014年的初春，济南出版社的王菁老师找到我，说要做一系列山东电视台著名主持人的传记。我在这三位主持人的名单里，一眼就看到了辛凯，便主动请缨为辛凯写这本传记。

就这样，我和辛凯约在山东省体育中心附近的一家咖啡简餐店见面。

济南有老舍笔下温柔的冬天，初春的大风却并不那么和善，寒冷中夹杂着细微的尘土，就像是总也不尽如人意的生活。当时我还在做着一份辛苦的记者工作，穿过经十路的车潮，终于抵达约定的地方。我想我至少会等一刻钟，这是通常惯例下，小记者等候知名主持人的时间长度。

  辛凯却提前到了——

  这是辛凯给我的第一印象：守时。采访辛凯前，我已经见识过许许多多娱乐圈形形色色的存在，他们多数有一种人前和人后的反差，仿佛有一副面具，工作时戴上，平时摘下来。例如，在观众面前人来疯的谐星，面对记者的录音笔往往少言寡语；又或者被 PS 软件反复磨皮的平面美人，在不足一米的采访距离下，眼角的褶皱轻轻松松地为她捧出了两个字：岁月。一群小记者扛着长枪短炮，等待着"大腕儿"到来，也是采访前经常有的情况。用千呼万唤始出来的局面，来印证和感受自己的走红，可能是很多明星的劣性。

  见得惯了，再年轻的记者，心也起了皱纹。这是一个世俗的世界，总有谁等谁、谁更高一等的阶级感。出了大学校园，一猛子扎到娱乐圈的周边，会觉得一呼一吸的小小人间，堪不破名利一生心。也难怪，凡有名利处，真假总是模糊的，而真情总是脆弱的。如果不能宽宥这一点，我们无法去享受艺人们通过挥洒汗水为历史呈现的艺术作品。

但作为一个可以和他们坐下来聊聊的人，总还是期待着能看到有人于星光熠熠下，透露出真实的一面、喜怒哀乐的一面，甚至，平凡的一面。

越平凡，越不简单。辛凯就是这样的艺人，虽然他的成名是很早的事情，但是却仍然谦恭如初，让人觉得有些意外。

采访辛凯之前，作为一个看过他多年节目的观众来说，不能不有所期待——我希望可以看到一个放下面具的知名艺人。而结果出乎我的意料，这竟然是一个没有面具的人。在声色犬马、纸醉金迷的娱乐圈、文化界，这种品格接近于稀有了。

是的，没有面具。甚至连每一个眼神都是真诚的，一副事无不可对人言的磊落，却又不强势。然而辛凯就是这样一个人。这是我对辛凯的第一印象，来自我对他的第一次采访。

辛凯和蔼地站起来示意，微笑坐下。

这种气场，得益于自我要求，而更多地应该来源于教养。

童年的往事、成长的经验、从艺的苦辛，他都娓娓道来。辛凯不是学习播音主持出身的主持人，在他的语调中没有刻意的播音腔。不得不说播音腔虽然听起来圆润动人，但是却也建立了一层无形的隔膜。

除此之外，辛凯给人的第一印象还有：干净。干净的外形和多年保持良好的身材。对于一个艺人来说，保持身材可能是最艰难的，需要日复一日地坚持锻炼，还要抗拒美食的诱惑，甚至要忍受常年的饥饿感，保持巨大的运动量以调节身体脂肪和肌肉的比例。辛凯认为，保持良好的身材，虽然艰苦却是艺人职业道德的体现。

第二次采访，是在一个炎炎的夏日，火炉济南的骄阳炙烤着大地。

我和他相约在一个甜品店。在芒果班戟、汤团之类热量比较大的食物之外，辛凯选择的是水果拼盘。他说为了保持身材，每天早上往往是用料理机将很多水果蔬菜之类打成奶昔喝掉，这样既能够给身体供应充足的营养，又不至于摄入过多的热量。"就是吃各种各样的水果"，辛凯向我这个微胖界人士介绍减肥经验的时候，神情相当愉悦，似乎这并不是很苦的差事。但是他说，有时候仍然会吃多，比如那天采访的前夜，因为参加了好朋友的生日聚会，多吃了一块蛋糕。我问他，如此小心翼翼地维护着多年如一日的身材，为什么不怕发胖会吃蛋糕呢？辛凯说，当时只是因为不希望周围的朋友觉得自己特别。

在采访中，我感受到辛凯是一个微微内向的人，更多的时候，他习惯于听别人表达。也许对于一个主持人来说，聆听比表达更重要，就像是对于一个演员来说，表演艺术的不留痕迹要比夸张更具有难度。

高度严格的自律和不张扬、过分低调的性格，让辛凯看起来特别不像一个娱乐现场的从业者，甚至，有些不太像媒体人。其实，如果没有那个电视媒体爆发的时代，没有那个特别需要别开生面的年轻面孔的电视时代，也许辛凯这样的人不会成为一个主持人。他自己也可能会认同这一点，因为他的专业是音乐，他曾经一度希望能成为一个音乐教师。

但我相信，他无论做什么都会成功，都会是一个优秀的职场人，因为敬业。

是的，对辛凯的另一个印象就是敬业。做主持人也好，做制片人也好，甚至如今，他渐渐朝着一个全栖艺人发展着，都能够感到他的敬业。当他谈起他的工作时，是那样专注，眼睛里的光芒无法隐藏。

90年代，曾经在山东生活、工作过的人，总会记得当年辛凯主持的著名电视音乐节目《音乐风》。那是一个偶像时代，唱片业的兴盛让歌星成为弄潮者。辛凯的主持风格深入人心，而这归功于他对音乐的认识和理解。

采访中，特别喜欢听辛凯聊音乐，他对于歌手风格的理解别开生面、视角独特，他总能从人尽皆知的流行音乐里听出寻常人听不出的门道。

通过多次的采访，我对辛凯的认识更加全面。可以体会到一个主持人转型成为演员，这样的跨界所经历的喜悦与阵痛。

辛凯拍的第一部电视剧是《平凡的世界》，他扮演公社干部刘根民。

2015年春节期间，已故著名作家路遥的长篇小说《平凡的世界》

被搬上荧幕。王雷、刘威、佟丽娅等一线演员加盟其中。很多观众在电视剧播出的过程中发现了熟悉的主持人辛凯也在其中。那段时间，有不少人在网络社区里问：电视剧里的公社干部刘根民是辛凯扮演的吗？

对于拍电视剧，辛凯非常低调，甚至显得有点沉默。

眼下已经成为注意力稀缺的时代，有些转型的主持人，任何一小点进步都要在微博上刷屏，获取存在感。而辛凯的公共话语范围内，却没有任何喧嚣的声音。

在整理录音的过程中，我会觉得很安静，在喧嚣的常态中有着难得的安静。辛凯的语速也很柔缓，一点也不像这个年代的主持人。有人说他做演员很适合去演年代剧，实际上做人做事，他的风格也很容易把人带回阳光温暖、时光悠长的民国年代。

不过辛凯说起拍戏，却有几分兴奋，片场的生活非常有趣，虽然他对自己的表演并不尽满意。

最后一次采访辛凯，我和他约在文化西路的一家咖啡店。闪烁的水晶吊灯，让人感觉有些虚幻。得知辛凯刚刚完成了一部战争题材电视剧的拍摄。这部电视剧在湖南经视播出后获得了不错的收视率。他还打趣地告诉我，在这部剧里，饰演日军的演员都受了点小伤。那一刻，我觉得在文艺圈待了这么多年的辛凯，还保持着一颗童心，很难得。

辛凯的状态也不错，我问起他最近在做的事情，他说他正在学习英语。他对我讲起教英语口语的老外多么有意思，他们的思维方式和我们有着许多的差异。这次采访，辛凯给我的感觉是人清瘦了许多，也许是忙的缘故吧。

不久以后，再一次遇见辛凯，却是一次偶然。我在山东师范大学陪同朋友观看他们建校 65 周年的演出，却意外发现，主持这一活动的人，是辛凯。

他正在台上叙述着什么，灯光璀璨，人声鼎沸，我和朋友相隔很远并不能看得真切。那一瞬间，忽然感到已经三次面对面交谈的辛凯，其实才是舞台中心的人，这也是我第一次在实景中见到他的主持。他台风稳健、情深意厚地为母校山东师范大学主持建校 65 周年活动。当晚刷他的微博，却看到他发送了一张快餐拼盘的照片，原来是在山师的食堂，又去尝一尝学生党饭菜，他赞好吃。不知道是谁促成了这次主持活动，辛凯又是否像每次接受我采访那样温柔客气地点头应承着邀约。他的谦和与恬淡，在我的脑海中勾勒得越发清晰。

作为主持人，他的主持风格一如他的行事风格，热情、认真但不浮夸，温和、淡然却也有自己笃定的坚持。

采访辛凯过后，深知他的性格和为人，我总觉得作为一个媒体人，会很希望与他这样的人共事的，因为靠谱是一种美德。辛凯说自己的朋友其实并不多，因为更多时候他喜欢安静，许多无关紧要的饭局他都不太参与。他说朋友不在于多少，而在于交不交心。他也确实有几个非常交心的朋友，仗义能够依靠的。

因为撰写这本书，我与辛凯成为了朋友，除了年节时候短信或者微信的问候外，偶尔也会一起讨论对一些文艺作品的感受。我为深圳《宝安日报》长期撰写《光影周刊》的头版头题，这是一个比较重头的影评，需要踩着热点影视剧或者文化事件的锣鼓点。每当我完成一篇影评请他看时，他不管多忙都不厌其烦地看完并认真给我提出建议。我只是一名普通的年轻作者，而他成名那样早，阅历那样深。所以，他的做法让我感动。

因为有这样的存在而感动，因为点滴的认同和尊重而欣慰，这就是人心的力量。

随着时代的发展，受众对媒体人要求越来越高，特别是在上星的诸多地方卫视之间，也形成了非常残酷的竞争。特别是，这几年大型娱乐真人秀和选秀节目的浪潮，裹挟着几乎所有的电视人。观众的胃口有多大，电视人的工作准星就要提高到相对应的水平。

新年伊始，辛凯又忙着山东卫视新一档大型娱乐节目了，我想披星戴月的状态是每一个电视人，特别是主持人的常态，坚持锻炼、健康饮食和作息的辛凯，应该扛得住吧。

著名主持人蔡康永说：人来人往，总是日常。这本有关辛凯个人经历的书终于写作完成了。不知道我们每个人与星光熠熠的人物会在哪里相遇，巨大的城市落下耀眼的帷幕，注定相逢的人总会相逢。真心祝福辛凯，每一步走得更稳健、更顺利。

韩双娇

2016 年 3 月

后　记

　　起初，这本书的名字叫《辛凯聊人生》，这样的书名把我吓了一跳，我跟策划姐姐说："题目太大，季羡林老先生聊聊人生感悟就行了，我没资格聊。"姐姐说："你聊你自己的人生啊，当然有资格。"我说："其实，我的人生，我还没明白。"后来策划姐姐说："要不就叫《辛凯聊平凡》吧，跟你第一个参演电视剧《平凡的世界》挂钩。"我立即同意，欣喜不已。真的，我还没活明白。这种不明白在于，我觉得自己还是个孩子。说幼稚也好，没心没肺也罢，这个年纪，没计划，随着性子走，无法做到情商智商和平共处携手作战。这种不明白在于，我还不想明白，或者说，我不着急明白。平凡，我喜欢，做了一份抛头露面的工作，获取了工资奖金之外的一些所谓知名度，也有用，也没用。有次喝了酒叫代驾，到了地儿，人家愣是说凯哥你别付款了，算我的。我说谢谢，下车默默望着他骑折叠自行车远去的身影，默默输入了付款密码。我老爹在十年前就敲打我："白岩松说了，一条狗天天在电视上出现，也会出名。"不知道这话是不是白岩松说的，也可能老爹多年以前就学会了如今朋友圈标题党发的那些名人根本没说过的名人名言。反正，这话我往心里去了。去横店串个戏，几个剧组同时在一个区域拍戏，好多旅行团路过参观，导游拿着喇叭筒子得意地说："今天这里有 xx 剧组、yy 剧组、ww 剧组……明星有某某某、某某某……"然后路过我们剧组，又继续大声说："我们现在路过的这个剧组，没有明星！"还配以不屑的眼神。我们一群人全乐了。就好像你走在马路上，突然有人指着你大喊："看，他好平凡啊。"喜感十足。谁不是平凡人呢？有谁还没搞清楚，自己是个平凡人呢？这些年采访过很多人。一线大明星，二线大明星，三线、四线、五六七八线。我采访过演员、歌手、主持人、导演、音乐家、舞蹈家、医生、护士、工人、农民、企业家等等；我采访过奥斯卡影帝、采访过常规意义上的草根选秀选手。绝大部分的一线大牌，都会尽量表现出他们的亲和力，有位影帝大聊在中国拍戏吃火锅，教他说中文他还小心翼翼怕被涮，天真如同一个孩子。我2013年还采访过台湾的普通工程师欧纪复，他放弃化工厂的高薪工作，回老家花莲辟出一片"盐寮净土"，过起对环境零污染的极简生活。跟他交谈那两个多小时，我觉得他身上有光，我眼中的他，是一个不平凡的神奇的存在。平凡不代表卑微，而不平凡也不是遥不可及。飘在上面，脚不沾地，是件特别不牢靠的事儿。好像大家接受了大牌明星有点脾气是合理的，出了名放个屁都有人追着闻是什么味儿，更何况老话儿说"外来的和尚会念经"。名人大驾光临，摆谱臭脸价码高，典型的非暴力不合作态度，一众人诚惶诚恐地鞍前马后，接驾烧香送走，一肚子气，你的卑微，造就了伊的嚣张，你卑躬屈膝，伊耷拉一下眼皮就能看到你，自然就不必弯腰给你好脸色。伊忘了自己是平凡人，但你别忘。从主持人的角度来说，过分谦卑和居高临下，都是极可怕的采访方式。你放松，你与对方平视，对方才能放松，才能聊出故事来。其实，我是不想出书的，因为出书这件事在我看来是件特别不平凡的事儿，是件特别高高在上的事儿。自问底蕴能量，不足以支撑一部书，说白了怕人笑话。至于自己的故事，又有多少价值值得与人分享、令人关心，我不清楚。我不是玩粉丝经济的人，上过映客直播，直接跟粉丝说："让你们看看我而已，不许花钱送东西。"曾有个同事说，凯哥就是不懂得经营自己。我承认，就如同读书时没有计划，工作时没有规划，工作之后不想说话，那种闲散亦或是懒惰，带给我的当然会有生活事业上的被动与不顺利。然而，本性难移，这几十年的闲散又是我喜欢的状态。我健身，在健身房玩铁，我柔韧性差，我试过瑜伽，试过让自己拉伸放松，可是中途放弃。人总是有反差，一辈子拉不开的筋和一辈子慵懒的心在我的身体里和睦相处。而且随着时间的推移、阅历的增加，我越来越喜欢这种状态；做好眼前的事，其他的，别着急，交给老天安排。越平凡，越放松，这是我这个平凡电视人的平凡故事。踏踏实实走着每一步，沿途丢弃虚荣、野心，以及所谓梦想已经远去，前方有什么，我也不知道，希望会有惊喜等着我！

辛 凯

2016年夏